편집자의
마음

공감하고 관계 맺고 연결하는

이지은
지음

편집자의
마음

더라인북스

서로의 마음을 돌볼 수 있다면

처음으로 사표를 제출한 날을 기억한다. 그날 저녁, 사수와 나는 합정동 어느 허름한 술집에 마주 앉았다. 그는 소주를 연거푸 들이켰고, 그 앞에서 나는 한없이 울었다. "죄송해요." 입안에 머금고 있던 한마디를 겨우 짜냈다. 사수는 나를 한 번 가만히 들여다보고는 오른손에 쥐고 있던 담배를 깊이 들이마셨다가 하늘을 향해 '후' 하고 내뱉었다. 잠깐의 침묵 이후 말을 이었다.

"지은 씨 옆에 늘 있지는 못하겠지만, 돌아보면 그 자리에 서 있는 선배는 되어줄 수 있어. 밥 먹고 싶으면 전화해요."

사수는 밥 먹기를 좋아하는 사람이었다. 그의 집 현관문 앞에 1년 치 영수증을 모아놓는 큰 장식장이 하나

있는데, 그 영수증의 대부분이 타인을 먹인 증거였다. 신입 시절의 나 역시 그 장식장 속 영수증의 한 줌 정도는 차지하고 있었을 것이다.

전화 한 통에도 쩔쩔매는 신입 편집자였던 내가 어느새 그 사수와 같은 나이, 같은 연차가 되었다. 그사이에 나 역시 몇몇 후배를 만나 그들의 사수 노릇을 했다. 일머리가 부족한 후배를 보면 속으로 생각했다. '나는 안 그랬던 것 같은데.' 그러다 문득 스스로를 미워하며 출퇴근하던 지난날들이 스쳐 지나갔다. 안 그러긴 뭘 안 그래. 더하면 더했지 덜했을 리 없다. '나는 사회생활이 맞지 않는 것 같아' 고민하던 나날을 까맣게 잊고 살았다.

사수를 알기 전에는 막연히 '이제 어떻게 하지?'를 생각했다면 그를 알고 나서는 '팀장님이라면 이럴 때 어떻게 처리했을까?'를 떠올렸다. 그러면 풀리지 않던 문제 앞에서 반짝거리는 아이디어가 언뜻 솟아오르기도 했다. 아무리 머리를 굴려도 마땅한 답이 생각나지 않을 때는 그에게 전화를 걸었다. 지금 생각하면 어이없는데, 이직한 회사에서 작성한 보도자료까지 '한번 살펴봐달라'며 메일로 보냈다. 사수는 그 모든 미숙과 응석마저 다 받아주었다. 나는 과연 후배들에게 그런 존재였나. 고개를 끄덕이기 어렵다.

나를 거쳐간 후배들과 나 사이에 다른 지점을 하나

꼽는다면, 나에게는 그 사수가 있었고 그들에게는 내가 있었다는 점이다. 사수로부터 받는 데만 익숙했으니 좋은 선배 노릇을 하지 못했다. 내 사수처럼 후배들을 배불리 먹이지도, 살뜰하게 아껴주지도 못했다. 나는 남의 밥을 먹고 컸으면서, 그 누구도 거저 자라지 않는다는 사실을 간과했다.

'한 아이를 키우려면 온 마을이 필요하다'는 격언이 있다. 이 말에 전적으로 동의하지만, '온 마을'이 좋아지기를 기다리던 그 '한 아이'가 마을 밖으로 나가떨어지지는 않을지 걱정스럽다. 아이가 걸음마를 뗄 때까지 함께해줄 누군가를 하나라도 만난다면 그는 분명 혼자 알아서 잘 걸어나가리라. 다행히 나는 동행해주는 그 한 사람을 만났으나, 그런 경험을 얻지 못한 이도 부지기수임을 안다.

이 책은 아직 동행하는 선배를 만나지 못한 이들을 위해 썼다. 사수로부터 받은 선물들을 나누어주고 싶었다. 내 성근 글들로는 결코 누군가를 배불리 먹이지 못하겠지만, 적어도 이 글을 읽는 당신은 내가 거듭한 시행착오만큼은 겪지 않았으면 좋겠다. 하다못해 '이런 재주 없는 사람도 출판으로 10여 년을 먹고살았다는데' 하는 위로라도 얻을 수 있지 않을까 기대한다.

사수의 연차에 가닿기 전까지는 그를 롤모델 삼아 일해왔는데, 그의 연차가 돼서는 마땅한 롤모델을 찾지 못하고 허우적거렸다. 잘하고 싶은데 잘되지 않을 때, 블로그를 대나무 숲 삼아 한 편 두 편 글을 올렸다. 그 글들이 이 책의 토대가 되었다.

함혜숙 편집자가 아니었다면 이 글들은 그저 블로그 안에 영원히 박제되었을 것이다. 부족한 글을 기꺼이 발견해주고 살뜰히 다듬느라 고생해주신 함혜숙 편집자 외 출판 관계자 분들께 감사드린다.

2020년 4월

이지은

차례

프롤로그 서로의 마음을 돌볼 수 있다면   4

1부
편집자는 타고나나요?

"편집자 하지 마세요"의 숨은 의미   15

왜 편집자가 되겠다고 결심하셨어요?   20

신입 시절을 견디는 노하우   26

내 몸에 루틴을 새기는 기술   32

일과 삶의 경계를 무너뜨리는 '열심병'   37

책 만들기의 시작은 공감하기   42

완벽주의보다 지속 가능한 삶   48

저자와 독자 사이에 다리 놓기   53

2부
편집자로 살아남기

신입이 출판사에 입사하는 법   61

기획은 '아니면 말지' 정신으로   67

혼나는 노트를 작성해보기   73

숫자를 보여준 후 낭만을 말하라   79

아이디어를 책으로 만드는 방법   84

슬럼프가 찾아왔을 때   90

자신만의 무기를 계발한다   95

죽어라 일해도 시간이 부족한 이유   100

매일 작은 성공을 이루며 신인新人이 된다   106

결국 글쓰기가 나를 구원한다   112

3부
함께 일한다는 것

저자와 편집자, 다른 이름으로 부르는 이유   **119**

책 뒤에 숨은 애씀을 발견하는 정성   **125**

낯선 서로의 간극을 줄이는 일   **130**

도제식 시스템과 개인의 상관관계   **136**

우리 모두는 연결되어 있다   **142**

4부
나를 지키며 일하기

출판계에 인재가 없다고요?   151

디지털 세상에서 출판이 살아남으려면   157

침묵은 결코 날 지켜주지 못한다   162

회사가 날 어떻게 대할지는 내가 결정한다   168

퇴사는 답이 아니다   174

품속의 사직서를 꺼내야 하는 순간   180

에필로그 미래는 없지만 동료는 있습니다   186

참고 문헌   190

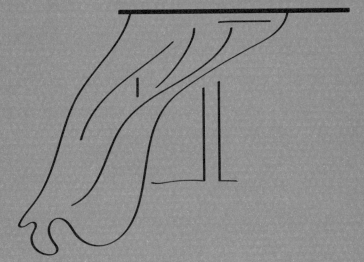

1부

편집자는
타고나나요?

"편집자 하지 마세요"의 숨은 의미

편집자라는 직업은 알지만 편집자가 되려면 어떻게 해야 하는지 몰랐던 대학 시절, 한때 출판사에서 근무했다는 대학 강사를 찾아가 이것저것 물어보았다. 선생은 내게 "예비 편집자 대상 강의를 들어보라"고 제안해주었다.

　　대부분 예비 출판인들은 출판학교 SBI(서울북인스티튜트)에서 운영하는 6개월짜리 수업으로 출판의 기초를 쌓는다. 당시에는 이런 제도가 존재하는지도 몰랐다. 한겨레문화센터에서 운영하는 10여 시간짜리 단편적인 수업이 내가 선택할 수 있는 전부였다. 고작 그 정도 시간으로 무엇을 배우겠냐만은 지푸라기라도 잡는 심정으로 수업에 등록했다. 한겨레문화센터 강의 첫날, 강사가 했던 한마디가 아직도 생생하다.

"편집자 하지 마세요."

그 강사의 주문이 통했는지, 강의가 진행될수록 '이쪽은 나와 안 맞는 것 같다'며 출판계에 발들이기를 포기하는 친구도 몇몇 생겨났다.

그는 왜 편집자를 하지 말라는 문장으로 수업을 시작했을까. '책을 좋아한다는 이유로 편집자가 될 수 있다고 착각하지 마라'는 의미였지만 그의 말투에는 약간의 좌절이 섞여 있었다. 당시에는 그 말의 속뜻을 제대로 이해하지 못했다.

평균 근속 연수 3년, 실무 정년 마흔. 출판사의 90퍼센트가 10인 이하의 인원으로 운영되고, 책 종수는 매년 늘어나지만 독서인구는 끊임없이 줄어든다. 그의 좌절감은 이러한 수치를 아는 업계 사람의 하소연이었을 것이다. 바깥일을 마치고 돌아온 엄마가 어린 내게 '너는 절대 엄마처럼 살지 마라' 읊조리며 내쉬던 한숨과 비슷할지도 모르겠다. 나도 지금 오늘내일하는데, 내 전철을 밟으려는 이에게 고운 말이 나올 리 없다.

이런 암울한 수치들이 출판계 현실임에도 여전히 SBI의 출판인 양성과정 수업에는 예비 편집자·마케터·디자이너로 문전성시다. 책이 좋아 책을 만들고 싶은 단계에까지 이른 열정 많은 예비 출판인들이다. 선배들이 "편집자 하지 마세요"라고 벽을 치는 어려운 상황임에도 결국 이 길을 걷겠다고 결심한 친구들에게 무엇을 말해줄 수 있을까.

그럼에도 도전해보고 싶다면, 오히려 지금의 현실을 객관적으로 직시하고 그 안에서 입지를 다져나가는 보신保身의 길을 택하라고 이야기해주고 싶다. 다만 이를 '상황이 여의치 않으니 이것만 받아라'며 들이미는 업계 최저 수준의 연봉을 감당하랄지, '이번 생은 망했어'라는 패배주의로 이해하지는 않았으면 좋겠다. '포기'와 '인정'은 다른 의미다. 노동 문제는 별개로 접근해야 한다. 그저 업계의 한계를 깨닫고, 그 안에서 자신의 길을 모색해야 한다는 의미로 받아들이면 좋겠다. 인구 대부분이 책을 읽지 않는 시대에도 누군가는 책을 만들고 누군가는 그 책을 읽는다. '이·생·망(이번 생은 망했어)'을 외치며 좌절하기보다는 현재에 집중하는 편이 낫다.

《편집자 되는 법》은 편집자가 알아야 할 A to Z가 담겨 있다. 신입 시절부터 10년 이후 베테랑 편집자가 되기까지 가져야 할 마음가짐과 약간의 실무가 포함된다. 선배 편집자로서 업계를 바라보는 착잡한 심정과, 그럼에도 책을 만드는 사람으로서 할 일을 한다는 자세가 눈에 띈다.

읽다 보면 한 명의 편집자가 한 권의 책을 만들어내지만, 결코 혼자 일하는 존재는 아님을 이해할 수 있다. 자신이 몸담은 출판계의 판세를 읽고, 독자가 반응할 만한 소재를 저자에게 제안하고, 저자부터 디자이너와 마케터, 제작처까지 모든 일정을 조율하는 사람. 되지 않는 일을 되도록 만들고, 존중과 배려를 미덕으로 삼아 책을 만든다. 이로써 결국 출판도 사람이 하는 일이라는 교훈을 얻는다.

더불어 이 책은 출판사도 하나의 회사임을 인지하는 데 도움이 된다. 업계 밖에서 출판을 바라보는 시선에는 일종의 동경이 담겨 있다. 이는 갓 업계에 발을 들인 신입들에게도 마찬가지다. 책이라는 문화사업은 무언가 다르리라는 기대는 보통 첫 직장에서 무참히 깨진다.

'어떻게 ○○○ 책을 낸 출판사에서 이럴 수가 있어.'

그 생각, 틀렸다. 의미 있는 책을 출간한 것과 회사의 근무 환경은 함께 가지 않는다. 다른 업계보다 나을지는 모르겠지만 청정지대일 수 없다. 책 속에 언급된 한 문장에 밑줄을 그었다.

"회사를 너무 믿지 마세요."

일반 회사와 마찬가지로 출판사도 이윤 창출을 목적으로 한다. 이런 부분을 인지한 뒤에 출판계에 들어온다면 서로를 존중하되 의존하지 않는 '적정한 거리'를 이해할 수 있지 않을까.

마지막으로 이 책은 편집자란 공부하는 사람이라는 지점을 강조한다. 끊임없이 역량을 키우고 배우려는 자세를 잃지 말라는 의미다. 이는 '수많은 지식을 섭렵하라'는 말과는 다르다. 편집자가 아무리 날고 기어도 저자의 지식을 이길 수 없다. 나는 '공부하라'는 말을 '호기심을 잃지 말라'는 의미로 이해한다.

잊을 만하면 과학 관련 기획을 들고 오는 동료가 있었다. 천생 문과인 나는 그 친구가 신기해서 과학이 재미있냐고 물었다. 그 친구는 잘 모르는 분야를 동경한다고, 과학이 궁금하다고 대답했다. 나는 그가 대학원 출신 이과생 편집자보다 훨씬 흥미로운 과학 책을 기획하리라 확신한다. 많이 아는 것보다 궁금한 게 많은 편집자가 더 좋은 결과물을 만들어낸다. 이것이 출판이 재미있는 이유다.

《편집자 되는 법》에서는 편집자의 일이 어떠냐는 말에 누군가 "힘들지만 재미있는 일입니다"라고 대답했다는 말이 나온다. 누군가는 '힘들지만'에 방점을 두고, 또 다른 누군가는 '재미있다'에 초점을 맞출 것이다. 어느 쪽에 중심을 두느냐에 따라 "편집자 하지 마십시오"라는 충고가 나올 수도, "편집자 할 만합니다"라는 조언이 나올 수도 있겠다. 선택은 자신의 몫이다. 나는 후자에 한 표를 던진다.

왜 편집자가 되겠다고 결심하셨어요?

어느 업계나 마찬가지겠지만 많은 이들이 다양한 목표를 품고 회사를 드나든다. 프리랜서 전향이 꿈인 직원도 있고, 관리자급으로 승진하기 위해 노력하는 이도 존재하며, 그저 '최선을 다해 최선을 다하지 않겠어!'라며 장래희망이 '월급 루팡'이라는 동료도 만난다. 같은 직장에서 '편집자'라는 이름으로 함께 일하지만 속내는 천차만별인 것이다. 그들에게 왜 편집자를 직업으로 선택했냐고 질문하면 같은 대답이 나올 수 없을 것이다. 그러니 지금 이 질문에 대답하는 것은 오로지 나만의 대답임을 밝힌다. '편집자란 이래야 하는구나'보다는 '이렇게 생각하는 편집자도 있구나' 수준으로 살펴봐주었으면 한다.

한번은 출판사 경력직 면접장에서 다음과 같은 질문

을 받았다. 한 시간 반 정도 진행된 면접 자리에서 가장 인상 깊은 질문이었다.

"왜 편집자가 되겠다고 결심하셨어요?"

이런 질문은 경력직 면접장에서는 잘 언급하지 않는다. 예상치 못한 질문에 당황해서 머뭇거리던 것만 떠오르고 뭐라고 답했는지 가물가물하다. 아마도 여기저기 주워들은 말로 대충 얼버무리지 않았을까 싶다. 그러게. 나는 왜 편집자가 되겠다고 결심했을까.

12구짜리 멀티탭이 된 것만 같은 편집자 삶에 지쳐 수시로 사직서 제출 시기를 주시하는 소규모 출판사 편집장 8년차 김먼지 편집자는 그의 독립출판물 《책갈피의 기분》 뒤표지 카피를 "어쩌다 편집자 같은 걸 하고 있을까"라고 적어놓았다. 아마도 본인이 책 사이에 낀 책갈피 같다는 자조 섞인 물음인 듯하다. 책 속에 고백해놓은 그의 감정과 언어들이 나와 같아서 깜짝깜짝 놀라곤 했다. 동시에 출판 인생 곳곳에 적힌 감사와 소소한 즐거움이 언뜻언뜻 묻어나는 문장들을 보면 '그래, 이 기분에 편집자를 계속하지' 생각에 함께 미소 지었다. 왜 편집자가 되겠다고 결심했는지는 흐릿하지만, 편집자를 지속할 수 있었던 이유는 알겠다. 바로 작은 감사의 순간들 때문이다.

불특정 다수에게 열려 있는 SNS에서 예비 편집자나 신입 편집자들이 종종 팔로우를 신청한다. 그 덕에 그들의 열정과 노력을 엿볼 기회가 생겼다. 하나같이 능력과 끼가 차고 넘치는 친구들. 일찍부터 간절하고 구체적인 편집자상을 그려낸다는 점에 놀라곤 한다.

고백하자면 신입 시절 나에게는 편집자에 대한 뚜렷한 상이 없었다. 첫 직장에서 편집장이 나를 쫓아내며 했던 "(이 직업을 택한) 너도 실수했고 (너를 뽑은) 나도 실수한 걸로 치자"는 말이 틀렸음을 증명하겠다는 마음이 더 컸다. 그러다가 다음 직장에서 늘 나의 성장을 독려해주는 사수를 만났고, 그 덕에 출판의 재미를 조금씩 느끼기 시작했을 뿐이다.

당시 연봉 1,600만 원에 월급도 13분의 1로 나누고 심지어 입사 후 석 달까지는 수습이라며 월급의 70퍼센트, 즉 80만 원도 되지 않는 돈을 받았다(13분의 1로 나누는 계산법도, 수습에게 월급의 70퍼센트만 지급하는 것도 불법이다). 그럼에도 그 회사에 잔류했던 유일한 이유가 사수의 존재였다.

직장생활 1년을 맞이했을 때, 사수는 나를 삼계탕 집으로 데려갔다. 그간 고생했다는 덕담은 덤이었다. 벌써 1년이라니, 뿌듯함에 천진하게 삼계탕을 먹는 내게 사수가 이야기했다.

"이제 1년이 되었으니 이 일을 계속할지 그만둘지 결정하세요."

설마 나 또 내쫓기는 건가? 첫 직장에서 두 달 만에 쫓겨난 기억이 아직 선명해 가슴이 철렁했다.

'그때 첫 직장에서도 편집장이 커피 사준다고 불러내 놓고는 나가라고 말했는데….'

이 삼계탕이 그 커피와 같은 의미인가 싶어 세상 무너진 심정으로 사수를 바라보았다. 그러든지 말든지 무표정한 표정으로 그가 속내를 이야기하기 시작했다.

어쩌다 보니 10여 년차 편집자가 된 사수는 적성에 맞는 직업을 고민할 시간이 한 번도 없었다고 한다. 일에 치여 열심히 앞만 보고 달리다가 문득 돌아보니 본인은 편집자와 맞지 않음을 깨달았단다. 그제야 자기 성향에는 의외로 외제차 딜러가 적성에 맞을 것 같다는 결론에 이르렀다. 꿈을 깨달았을 때는 이미 너무 먼 길을 왔다고 고백했다. 그는 자신처럼 뒤늦게 적성을 깨닫지 말라고, 지금 아니라고 생각하면 금방 다른 길로 가도 괜찮다고 독려해 주었다.

"자기만큼은 그러지 않았으면 좋겠어."

무뚝뚝하던 사수는 내게 꼬박꼬박 존대했다. 존중의 표현이었으나 내게는 늘 무섭고 거리가 느껴지는 요소였다. 그런 그는 원하는 바가 있을 때면 앞에 '자기'라는 호칭과 함께 반말을 사용했다. 그러면 나는 한없이 허물어져서 그의 말이라면 어떻게든 해내고 싶어졌다. 그런 대상이 내게 '편집자상을 돌아보라'고 제안한 것이다. 며칠 말미를 줄 테니 열심히 고민한 뒤에 이야기해달라고 했다.

몇 날 며칠 고민했다. 편집자란 무엇인지, 이 일에 얼마나 간절한지 등 거창한 질문들을 계속 던져보았으나 딱히 답은 떠오르지 않았다. 다만 10년 뒤에는 그와 같은 프로 편집자가 되었으면 좋겠다, 정도의 소망은 있었다. 그가 내게 편집자로서 재능이 있다고 했으니, 그 말을 믿기로 했다. 계속해볼 테니 지도편달 부탁한다는 내 말에 그는 가만히 고개만 끄덕였다.

시간이 지나 그 나이와 연차가 되고 보니 그가 얼마나 나를 아꼈는지 알겠다. 천둥벌거숭이를 1년 동안 갈고닦아 겨우 쓸 만하게 만들었으면서 '네 꿈이 아니라면 그만두어도 좋다'는 말을 꺼냈으니 말이다. 그건 상사가 아닌 선배로서 할 수 있는 조언이다. 일이 안 풀릴 때면 '팀장님이라면 어떻게 했을까' 상상하곤 했다. 그분 덕분에 꾸준히 내 편집자상을 다듬어낼 수 있었다. 그가 한 번 브레이크를 걸어주었기에 얻은 수확이다.

정말 어쩌다 편집자를 하고 있지만, 들여다볼수록 의외로 나와 잘 맞는 직업이었다. 나는 성취욕이 강한 사람이다. 아무 기반도 없던 아이디어에 내 노력이 더해지면 눈에 보이는 성과로 드러나는 출판의 전 과정이 신기했다. 가시적인 성과가 눈에 보이고, 편집 끝에 책이라는 물성이

남는다는 점도 마음에 든다. 한 권을 마무리할 때마다 얻는 지식은 또 다른 소득이다. 물론 작업이 끝나면 언제 그랬냐는 듯이 휘발되곤 하지만.

편집자가 모든 출판 관계의 중심인 점에 피곤할 때도 있다. 하지만 그 피곤함 안에서도 내가 모두를 연결한다는 생각에 즐거운 경우가 더 잦다. 물론 서로 얼굴 붉히고 나 좀 봐달라며 읍소하는 일도 다반사다. 그렇지만 이 모든 과정이 결국 책의 더 나은 방향을 모색하기 위함이기에 마감이 지나면 언제 그랬냐는 듯이 서로 보듬어주는 관계들이 미덥다.

어떤 직업이든 자문자답의 시간은 필요하다. "왜 이 일을 하기로 결심하셨어요?" 이 질문에 어떤 대답이 적절한지는 본인만 알 것이다.

신입 시절을 견디는 노하우

신입 시절에 편집실무보다 주변적인 것들을 더 많이 배웠다. 예컨대 매일 아침 팩스로 들어온 주문서에 맞추어 책 주문을 넣고, 점심시간마다 반품도서 책등에 찍힌 도장을 지웠다. 주말에는 저자를 따라 지방을 돌며 책을 팔았다. 강남역 한가운데에서 점심 먹으러 나온 회사원들을 대상으로 책 전단지를 돌리는 일을 '마케팅하는 편집자'라는 이름으로 지시받기도 했다. 한 출판사에서는 연말마다 회사에 저자를 초청해 송년회를 진행했는데, 그 자리에서 앞치마를 두르고 저자들에게 접시를 날랐다. 저자들의 식사가 끝날 때쯤 눈에 띄지 않는 창고 안에서 동료들과 함께 남은 뷔페 음식을 나누어 먹었다. 매일 '내년에는 내가 여기에 없기를' 기도했다. 그럼에도 첫 직장에서는 일이 서툴다는 이유로 두 달 만에 쫓겨났고, 두 번째 직장에서는 술을 못 마시고 싹싹하지 않다는 이유로 사장으로부터 직장 내 괴롭힘을 당했으며, 세 번째 직장에서는 사장의 권위에 눌린 중간관리자들 아래에서 주눅 들고 눈치보는 것만 익혔다. 늘어나는 건 눈치에, 줄어드는 건 자존감인 나날들이었다. 얼마나 자존감이 낮았는지, 한번은 함께 일하는 후배한테 내가 이렇게 말했다고 한다.

"나 같은 애가 여기서 일하는 걸 누가 알겠어."

훗날 저 말을 전하는 후배에게 "내가? 내가 그런 말을 했다고?" 몇 번을 되물었는지 모른다. 지금 내 캐릭터로는 절대 뱉을 수 없는 말이어서 당황스러웠다.

모멸을 수시로 견디던 시기였기에 무너진 자존감을 세워줄 탈출구가 간절했다. 출판계가 괜찮은 곳이라는 믿음을 주고, 나를 좀더 나은 쪽으로 이끌어줄 누군가를 계속 찾아다녔다. 저녁마다 출판계에서 내로라하는 전문가들의 강의를 수강하고, 출판사 사장들이 쓴 책을 읽고 밑줄을 그으며 공부했던 기억이 난다. 출구가 없던 당시의 내게 고마운 경험들이었다. 그것들이 나를 지옥에서 탈출시켜주지는 못했지만, 지금보다 나아질 수 있다는 희망은 주었다.

다시 신입 시절로 돌아간다면 그 많던 모멸감을 무사히 피할 수 있을까. 베스트셀러를 수십 종 탄생시킨 스타 편집자나 억대 연봉을 받는 유명 편집자, 출판계에 무슨 사건만 생기면 언론에 소환되는 대단한 출판사 사장도 아니면서 '편집자의 일'에 대해 정리해보고 싶다고 결심했던 이유는 신입 시절을 하릴 없이 견디던 나를 안아주고 싶었기 때문이다. 내가 특별히 운이 나빴다고 생각하지 않는다. 다만 요령이 없었다. 그저 상대가 주는 상처를 곧이곧대로 받아 안았다. 다시 신입으로 돌아간다 해도 그때보다 일을 잘할 자신은 없지만, 좀더 노련하게 상처를 피할 수는 있겠다.

지금쯤 어딘가에서 그때의 나처럼 좌절의 시기를 지나는 중인 사람이 꼭 있을 것 같다. 혹시 탈출구를 찾기 위해 각종 강연과 책을 찾아 헤매는 친구가 있다면 그는 나보다 더 요령 있게 신입 시절을 견뎌냈으면 한다.

우선은 지금 겪는 모멸들이 결코 당신 탓이 아니라고 말해주고 싶다. 신입 시절에 겪는 수많은 서툶은 사수와 회사가 감당해야 하는 몫이다. 사수가 받는 봉급에는 부하직원의 서툶을 감당하는 몫도 포함된다. 월급이 많고 직위가 높을수록 감당해야 할 몫이 커진다. 그러니 서툴다는 이유로 모멸을 감수할 필요는 없다. 냉정하게 말해서, 신입으로 인해 생기는 리스크를 감당할 자신이 없으면 신입을 뽑으면 안 된다.

신입 시절, 지적받을 때마다 사수에게 "죄송합니다"

를 연발했다. 언젠가 사수는 나를 따로 불러 앉혀놓고 말했다.

"앞으로 미안하다고 하지 마세요. 미안하라고 한 이야기가 아닙니다. 앞으로는 '시정하겠다'고 말하세요."

사수의 말이 사실이다. '죄송'까지 할 이유가 없다. 부족한 사람이 모여 완벽해지려 노력하는 게 회사다. 이 과정에서 작은 실수들이 발생할 수 있겠지만, 시행착오라 생각하고 앞으로 같은 실수를 반복하지 않기 위해 노력하면 될 뿐이다.

만고의 진리인 '이 또한 지나가리라'를 자주 곱씹는 것도 정신건강에 좋다. 신입 시절은 언젠가 지나간다. 지금은 배우는 속도도 느리고 무엇이든 척척 해내지 못하는 스스로가 답답할 수 있겠지만, 하루하루 견디다보면 어느새 자신의 몫을 다할 것이다. 여기서 '이 또한 지나가리라'는 그저 매일 출퇴근 도장을 찍듯 무의미하게 시간을 보내라는 의미는 아니다. 신입 때만 배우는 것들이 있다. 전화 예절이나 메일 작성 등 기본적인 응대부터 교정교열과 책꼴 만드는 법까지 3~5년차가 되기 전에 응당 익혀야 할 것들을 하나씩 습득하는 시간이 필요하다. 신입 시절에는 덜덜 떨며 전화 받아도 넘어가고 교정교열 틀려도 바로잡아주지만, 5~10년차에도 그 상태면 남들이 속으로 혀를 찰 뿐 절대 당사자에게 내색하지 않는다.

마지막으로 주변에서 일하는 동료의 목소리에 집중해보면 좋겠다. 나는 내 직업과 연계된 직업군의 글을 들여다보고 그들을 이해하는 법을 익힌 것이 실무만큼이나 업무에 도움이 되었다. 이런 글은 회사 생활 노하우나 리더십 이야기가 담긴 자기계발서일 수도 있고, 마케터나 디자이너들이 쓴 업무 이야기일 수도 있다.

인터뷰를 접하는 것도 하나의 방법이다. 최근에는 은유 작가의 인터뷰집 《출판하는 마음》이 출판계 입문하는 이들의 기본서로 통하는 듯하다. 이 책에는 1인출판사 사장, 번역가, 서점 MD, 제작자, 3년차 편집자, 영업자, 외주 디자이너 등 출판계 다양한 직군이 등장한다. 각 분야의 전문성이 돋보이는 인터뷰 내용과, 숨기려야 숨겨지지 않는 책을 향한 애정, 상충되는 서로의 고충과 이해 등이 한데 얽혀 있다. 특히 '제작자의 마음'은 업계에 10년 이상 일해도 접하기 쉽지 않다. 신입 시절에 이런 책을 읽는다면 출판을 보는 시야가 좀더 확장될 수 있다.

너도 나도 출판업계의 지속 가능성을 걱정하는데, 이런 이들과 함께하는 업계라면 적어도 쉽게 없어지지는 않겠구나, 싶은 마음에 안도가 된다. '이들과 함께여서 다행이다. 나도 이들과 계속 같이 출판해야지'라는 마음이 든다면 고단한 신입 시절을 견디게 도와줄 나름의 탈출구가 되어줄 것이다.

부서 간의 의사소통 문제로 상처를 입을 때가 종종 있다. 이럴 때 '세상의 미친놈들에게 웃으면서 화내는 방법', '멋지게 퇴사하는 법' 같은 종류의 책은 통쾌함을 가져다줄지는 몰라도 실질적인 도움이 되지는 못한다. 내 경우에는 오히려 나 또한 누군가에게 피해자인 동시에 가해자가 아니었을지 깊이 생각하게 돕는 책들을 자주 접하는 편이 나았다. 상대의 입장에 서는 연습을 해보는 것이다.

'나만 상처입고 사는 줄 알았는데, 나도 누군가에게 상처를 주고 있었구나.'

이 사실을 신입 때 알았다면 좀더 조심스러운 사람이 되었을 것 같다. 힘들 땐 남이 잘 보이지 않는다. 고된 상황에서도 절대 잊지 말아야 할 사실은 편집자는 협업하는 존재고, 책은 함께 만드는 것이라는 점이다.

내 몸에 루틴을 새기는 기술

한번은 선배 하나가 몇 가지 중요한 충고를 건넸다. 외국어를 매일 공부해라, 하루 한 편씩 글을 써라, 적어도 한 시간씩 운동해라. 내가 그 선배의 나이가 되니 알겠다. 아마도 선배는 자신의 지난 10년을 돌아보았을 때 가장 후회된 지점을 내게 전했으리라는 사실을. 그러나 철없던 20대 이지은은 영어 학원을 등록'만' 했고, 어쩌다 한두 번 내킬 때나 일기 같은 글을 끼적거렸으며, 남들보다 건강한 편이니 힘든 운동으로 굳이 땀을 뺄 필요가 없다고 판단했다. 그다지 급하지 않다고 생각했던 것 같다. 10년 전의 나를 만난다면 당장 정신 차리라고, 20대가 평생 갈 것 같으냐고 외치며 등짝을 한 대 날려주고 싶다.

　20대에는 오늘 에너지를 모두 소진해도 내일이면 바

로 충전된다. 나 역시 20대에는 경기도 남부에서 북부까지 왕복 네 시간을 출퇴근으로 할애하고, 야근을 밥 먹듯이 하는 생활을 마다하지 않을 정도로 체력이 넘쳤다. 별 볼일 없는 나를 뽑아준(!) 회사에 보답하려면, 신입을 뽑지 않는 출판계에서 겨우 잡은 기회를 어떻게든 손에 넣으려면 이 정도 힘듦은 '의지'로 버텨야 한다고 생각했다. 성공한 사람들이 흔히 무슨 일이든 의지만 있으면 된다고, 성공과 실패는 정신력 차이라고 이야기하지 않는가.

스스로를 혹사시키며 몇 년을 버텼다. 야근한 몸으로 침대에 누우면 이내 조금씩 침대 속으로 빨려 들어갔다. 바닷속 깊은 곳으로 몸이 서서히 잠기는 느낌이었다. 잠에서 깨도 무거운 솜이 어깨를 짓누르는 기분은 가시지 않았다. 주말만 기다렸고, 토요일에는 시체처럼 누워 내리잤다. 그제야 알았다. 몸은 두드릴수록 강해지는 강철이 아니라, 일정량의 물을 머금은 항아리라는 사실을. 채우지 않고 계속 뽑아 쓰니까 체력이라는 항아리가 결국 바닥을 보인 것이다. 그제야 '살아야겠다'는 생각으로 이직했다. 부모로부터 독립했고, 집도 새 회사 근처로 옮겼다.

새로운 루틴을 만들고 싶었으나 어떻게 시작해야 할지 몰랐다. 일단 체력을 기르기 위해 근처 피트니스센터에 석 달 회원으로 등록했다. 생전 만져본 적도 없는 기구 천지였지만, 베테랑으로 보이는 분들을 붙잡고, 천진한 표정으로 "이 기구 어떻게 쓰는 거예요?"라고 물었다. 백이 면 백, 요령 없이 열정만 가득한 운동 신입에게 하나라도 더 알려주려고 애썼다. 그들 덕에 낙오 없이 운동에 재미를 붙일 수 있었다. 나중에는 남에게 묻지 않아도 스스로 스케줄을 짜고 식단을 구성하며 운동할 정도의 요령도 생겼다.

체력은 점점 늘어서 하루 30분 걷기도 힘들던 내가 매일 하루 1만 보씩 걷고 유산소 운동을 한 시간씩 병행해도 다리가 휘청거리지 않았다. 아침마다 일어나지 못해 쩔쩔매던 때가 거짓말인 것처럼, 아침 6시 30분이면 자동으로 눈이 떠졌다. 체력이 붙은 이후에는 꾸준히 지속할 만한 운동을 찾아 헤맸다. 걷기 운동부터 자전거 타기, 댄스, 요가, 필라테스까지 종목을 바꿔가며 새로운 운동을 시도했다. 전에는 땀 흘리는 게 곤혹스러웠는데, 이내 운동이 재미있다고 느끼는 몸이 되었다. '내 몸에 뭔가가 새겨지는 느낌'을 즐기게 되었다.

삶은 체력이 생기기 이전과 이후로 극적인 변화를 맞이했다. 가장 큰 변화는 '긍정성'이다. 우선 부끄러운 몸에서 벗어났다. 벗은 몸을 들킬까 싶어서 얼른 샤워장으로 달려가던 때가 있었나 싶을 정도였다. 틈날 때마다 샤워장 전신 거울 속 맨몸을 유심히 들여다보았다.

체력은 정신도 단련시켰다. 이루지 못할 것 같으면 지

레 겁먹고, 한 번 거절당하면 두 번은 매달리지 않던 성격이었는데, 안 돼도 두 번 세 번 시도하는 근성이 쌓였다. 이 근성을 토대로 회사에서 차곡차곡 가능성을 높여 나갔다. 몸 여기저기에 조금씩 붙었던 군살과 함께 때로는 부정적이고 소심하던 성향이 빠져나갔고, 그 자리를 대범하고 긍정적인 성격으로 채워나갈 수 있었다. 체력이 쌓이면서 선배가 말했던 외국어와 글쓰기 실력도 함께 탄력이 붙었다.

가장 극적인 변화는 일명 '사축'에서 벗어났다는 점이다. 과거에는 '나 같은 애를 뽑아준 게 어디야. 그러니 회사에 충성해야지'라고 다짐했다면, 이제는 '나를 안 뽑으면 자기네들이 손해지, 뭐'라는 밑도 끝도 없는 정신승리로 무장했다. 이런 자세가 오히려 사회생활에는 좀더 긍정적으로 작용했다. 이렇게 체력은 내 배에 왕王 자와 자신감이라는 두 가지 선물을 안겨주었다.

흔히 편집자라고 하면 두꺼운 안경을 끼고 책상 앞에 엉덩이 붙이고 앉아 몇 시간이든 일어나지 않고 교정을 보는 이미지가 주를 이룬다. 이 이미지는 반만 정답이다. '엉덩이 싸움'도 체력이 없다면 버텨주지 못한다. 앞서 언급했듯이 체력이란 일종의 항아리다. 20대 건강한 시절부터 운동에 습관을 붙이라고 권하는 이유는, 20대에 쌓아놓은 체력을 30대부터 조금씩 나누어 쓰기 때문이다. 어찌어찌 버티다가 번아웃이 와서 삶도 일도 의욕을 잃는 선배들, 결국 아픈 몸과 마음을 이끌고 회사 밖을 나서는 동료들, 정말 많이 보았다. 그때 가서는 누구를 원망할 수도 없다. 내가 나를 아끼지 않는데 누가 나를 돌보겠나. 그 전에 스스로를 챙겨주고 싶다. 지속 가능한 삶을 가꿀 에너지는 체력에서 나온다.

《아무튼, 피트니스》의 부제는 "나는 뭔가를 몸에 새긴 것이다"이다. 무언가를 새기는 행위는 어디에든 적용될 수 있다. 혹시 누군가 내게 '편집자가 되려면 무엇을 준비해야 하나요?'라고 묻는다면 몸에 습관을 새기라고 말해줄 것 같다. 내가 선배한테 들었던 조언을 그대로 전해주지 않을까. 외국어를 매일 공부해라, 하루 한 편씩 글을 써라, 적어도 한 시간씩 운동해라. 이 세 가지는 모두 지속적으로 반복해 습관으로 쌓아야 내 것이 된다는 공통점이 있다. 반복적으로 몸이 움직이는 순간, 삶의 모든 가능성은 문을 연다. '무엇을 해야 하지?' 생각하기 전에 그저 움직이는 편이 낫다.

일과 삶의 경계를 무너뜨리는
'열심병'

노력을 미덕으로 여기며 살았다. '열심히 노력하는 모습이 가상한 친구'. 이 문장이 나를 향한 주된 평가였다. 이런 성격은 요가를 배울 때도 티를 냈다. 남들 다하는 운동이니 금세 따라잡을 수 있으리라고 생각했다.

'운동신경은 좋은 편이니까. 아침부터 상쾌하게 운동하고 출근해야지.'

천진하게 아침 7시 요가 수업을 등록하고, 매일 출근 도장을 찍었다. 스트레칭만 해봤지, 요가는 생전 처음 배우면서 도대체 무슨 자신감인지 제일 앞자리에서 강사의 일거수일투족을 스캔했다. 옆 사람이 나보다 잘하는 것 같으면(당연히 모두 나보다 잘했다) 괜히 더 힘주어서 그 동작을 해내고야 말았다. 누군가 내 동작을 지켜보는 시선이 느껴지면 얼른 허리를 곧추세우고 자세를 다잡았다.

'노력으로 안 되는 게 어디 있겠어.'

노력신봉자는 속으로 중얼거렸다. 마지막에 바닥에 대大 자로 드러눕는 나무자세 말고는 제대로 해낸 동작이 없음에도 그럭저럭 잘 따라 한 줄 알았다.

그렇게 일주일 지났나, 아침에 눈을 떴는데 목이 돌아가지 않았다. 무리하게 힘을 주는 동작을 반복했더니 그만 근육이 놀란 것이다. 결국 정형외과에서 근육주사를 맞고 '요가 금지령'을 명받았다. 10개월이나 등록했는데…. 지인에게 헐값에 수업을 양도했더니 슬슬 속이 쓰렸다. 그놈의 열심병 때문에 요가도 몸 건강도 돈도 저 멀리 안드로메다로 날아갔던 안쓰러운 기억이다.

요가는 누구와 비교하는 운동이 아니다. 그럼에도 무엇 때문에 그리 열심히 했을까. 생전 처음 하는 운동임에도 '남들만큼은 해야 한다'는 강박은 도대체 어디서 왔을까. 열심병에 걸리면 '누구에게나 처음은 있으며, 그 어떤 성공도 단번에 이루어지지 않는다'는 이 단순한 명제를 잊곤 한다.

문제는 열심병 자체에 있지 않다. 다만 이 열심병이 가져올 후폭풍이 무서운 것이다. 바로 '슬럼프'다. 워크홀릭이라고 소문난 선배들은 그저 '열심히 하다가' 일상과 일의 경계가 흐려진 경우가 대부분이다. 처음에는 일이 재미있어서, 관성에 따라 일하다가, 나중에는 일이 없으면 자신의 존재를 증명할 길이 없어서 일에 함몰된다. 자신의 존재를 증명하고 싶은 욕구는 누구에게나 존재한다. 그러나 그 상황이 지속되면 어느 순간 주객이 전도된다. 행복하기 위해 일하는 것인데, 일이 아니면 행복은커녕 심지어 존재 가치를 느끼지 못하는 것이다.

열심병의 문제는 일이 잘 풀릴 때는 보이지 않는다. 오히려 '열심히 하니까 이렇게 성과도 얻고 인정받는구나' 싶어서 스스로 자랑스러울지도 모른다. 문제는 일이 고착 상태에 빠졌을 때다. 기획은 제출하는 족족 반려당하고, 기껏 편집해서 출간한 책의 판매지수는 요지부동이고, 회사는 '매출이 인격이다'를 외치며 편집자를 압박하는 상황이 오면 뇌가 이를 감당하지 못하고 번아웃을 선언해버린다. 슬럼프는 이럴 때 슬며시 문을 두드린다. 그때 가서 몸도 마음도 아프면 누굴 원망할 것인가. 결국 스스로를 탓할 수밖에 없다.

'열심히 하면 누군가는 알아준다'는 명제보다는 '내가 행복해야 내 책도 행복하다'는 명제가 좀더 진실에 가깝다고 믿으면 좋겠다. 일에서 보람도 당연히 중요하다. 열심히 해 성과를 내는 것도 필요하다. 그럼에도 그런 것들보다 내 삶이 우선시되어야 한다고 믿는다. 100만 명이 사랑해주는 책을 만든다 해도, 만든 사람이 행복하지 않으면 그 책은 거짓말을 하는 중이다. 내가 만든 책이 거짓말하게 놔두고 싶지 않다. 삶에서와 마찬가지로 일에서도 속도와 방향을 고려해야 한다.

종종 신입 시절부터 책을 기획하고 몇십만 부 베스트셀러를 탄생시켰다는 전설 같은 편집자 이야기가 떠돌아다니기도 한다. 그런 이야기를 들어도 '어느 세계에나 천재는 있지' 정도로 넘어가면 좋겠다. 그런 사람이 흔하면 그토록 전설처럼 회자되겠는가. 그리고 그와 같은 캐릭터는 대부분 회사 사장들이 자신을 미화할 때 많이 등장한다는 점에서 볼 때 실존인물이 아닐 가능성이 크다. 그러니 남들의 압박에 현혹될 필요 없다. 자신만의 속도를 찾자.

《요가 매트만큼의 세계》에서는 요가를 바탕으로 삶의 속도와 방향에 대해 이야기한다. 누구에게나 처음은 있으며, 그 어떤 동작도 단번에 이루어지지 않는다. 일자목이든 척추측만이든 허리가 길든 다리가 짧든 누구에게나 일정 부분 핸디캡이 있음을 인정해야 한다. 되지 않는 동작을 억지로 따라잡을 필요 없다. 그저 매일 조금씩 반복하다보면 어느새 그 동작이 몸에 익는 것처럼, 삶의 어려움들도 과정의 일부일지 모른다.

요가를 시작하는 사람이라면 누구나 들어보았을 문장이 있다. 요가 선생님이 계속 학생들에게 외치는 "힘을 좀 빼보세요"라는 말이다. 잘하겠다고 힘을 줄수록 오히려 방해만 될 뿐이다. 조금만 몸에 힘을 빼고 욕심을 줄이면 다른 길이 보인다. 어쩌면 삶에 필요한 자세는 수많은 욕심과 노력이 아니라 익숙한 반복과 내려놓음일지도 모른다.

책 만들기의 시작은 공감하기

SBI에서 편집자 대상 일일 강의를 진행하고 온 친구가 해준 말이다. 그 친구는 수업을 듣던 한 학생의 불성실한 태도 때문에 마음이 꽤 상해 있었다. 아직 출판계에 발을 들이지도 않았는데, 수많은 선배의 경험과 노하우를 듣고 최대한 자기 것으로 소화해도 모자랄 시기에 그런 태도로 강사를 대한다니 의아했다. 심지어 그가 다른 영역도 아닌 '편집자' 지망생이라는 말에 더욱 고개가 갸웃해졌다. 친구 말에 따르면 자신을 향해 무관심한 태도를 보이는 학생, '무슨 얘기 하는지 한번 들어나 보자'라는 태도로 팔짱 끼고 앉아 있는 학생이 종종 있다고 한다.

친구에게 그런 학생은 편집자가 되지 못할 테니 너무 마음 쓰지 말라고 했다. 친구가 감정을 추스르게 돕기 위한 빈말이 아니다. 운이 좋아 편집자라는 직업을 가질 수는 있겠지만 그 학생 앞에는 절대 '좋은'이라는 단어가 붙지 못할 것이다. 편견에 사로잡힌 사람은 괜찮은 기획을 만들어내지도, 동료와 깊은 유대감을 형성하지도 못하기 때문이다. 편집사의 제1 덕목은 편견 없는 사람, 상대를 헤아리고 살필 줄 아는 사람이라고 생각한다.

당시에 친구는 두어 시간짜리 강의를 위해 전날 학생들의 질문지를 정독하고 각각의 대답을 시뮬레이션했다. 게다가 그 강단에 서기 위해 업무 시간을 쪼개 반차를 할애한 상황이었다. 직장인이 평일 오후에 반차를 굳이 신청한 이유는 후배들에게 아는 것을 조금이라도 나누기 위해서였을 것이다. 이런 디테일까지는 모를 수 있지만, 적어도 상대를 향한 예의 차원에서도 옳지 못하다. 그 학생은 이렇게 생각했을지도 모르겠다.

'나는 저 분야가 아닌 다른 분야 편집자가 될 테니까 이 수업을 경청할 필요가 없다.'

그러나 인문 편집자와 자기계발서 편집자, 아동서 편집자 등은 모두 '편집자'에 방점을 둔다. 기본 틀이 다르지 않다. 그의 삐딱한 자세와 상대를 배려하지 못한 태도는 자신이 얼마나 편집자에 맞지 않는지 보여주는 증거였다. 그 학생은 도움이 되지 않는다고 생각한 수업을 한 개 포기한 것뿐이겠지만 그 시간에 충실하지 못함으로써 많은 것을 잃었으리라 장담한다.

요즘에는 편집자가 본인의 분야만 깊이 파고드는 경우는 드물다. 자기계발서 편집자도 인문서 느낌을 책에서 구현해야 하고, 성인 단행본 편집자도 때로는 아동용 학습만화를 기획해야 한다. 웹툰이 기반인 역사서, 철학을 주제로 한 자기계발서, 미술가와 과학자가 만나 대담한 내용을 담은 교양서 등 여러 분야가 중첩된 책이 얼마나 많은가. 이런 시기에 '나는 ○○ 분야 책만 만들 거야'라는 말은 자신의 한계를 스스로 설정하는 것이다. 게다가 '○○ 분야 책만 만들 거야'라는 선언이 의지만으로 되지도 않는다. 나는 에세이 출판사에서 신입 시절을 보낸 뒤에 인문 출판사를 거쳤고, 전통 인문서부터 인문학을 기반으로 한 자기계발서, 사회서, 역사서, 웹툰까지 다양한 분야의 책을 다루었다. 출판계에는 이와 같은 이력 이동이 빈번하다.

앞서 편집자는 편견 없는 사람, 상대를 헤아리고 살필 줄 아는 사람이라고 했다. 이는 관심과 공감, 그리고 상대에 대한 이해를 전제로 한다. 신입들이 가장 흔히 하는 실수 가운데 하나가 있다. 바로 '원고 검토서'에 원고의 단점만 나열하는 것이다. 이 원고의 어디가 별로고, 어느 부분이 문제라고 A4용지 가득 채워 넣은 보고서는 작성자를 뿌듯하게만 만들 뿐 실무에는 하등 도움이 되지 않는다.

물론 독자는 그리 해도 된다. 그러나 편집자라면 보고서에 '이 날것을 어떻게 책으로 만들어낼지' 고민한 뒤에 구체적인 방안을 적어 넣어야 한다. 그러기 위해서는 해당 원고가 하는 말에 공감하고, 장점을 부각시키고 단점을 보완할 방안을 머릿속에 떠올리는 게 먼저 아닐까.

베스트셀러 출간 에피소드 중에서는 수많은 투고 끝에 한 출판사에서 책으로 출간되었다는 사연이 종종 등장한다. 이런 이야기를 들을 때면 나는 수십 수백 개의 원고 가운데 한 원고를 발견해 적극 공감하고 저자의 메시지에 호응한 나머지 '이 투고 원고를 책으로 출간하겠다'고 선언하는 어느 눈 밝은 편집자의 숨은 사연을 상상해보곤 한다. 백에 하나 건질까 말까 하는 투고 원고임에도 그 안에서 원석을 발견하는 사람이 존재한다. 이는 무엇을 접하든 단점이 아닌 장점에 집중하고 공감하는 태도가 준 기회였을 것이다.

생각해보면 한 번도 완벽한 원고를 만난 적이 없다. 기획부터 시작해 정식으로 청탁한 원고임에도 그랬다. '완전 원고'란 계약서에 적히는 허상에 가깝다. 어떤 원고든 그 원고만의 문제가 있기 때문이다. 만약 단점에 집중했다면 단 한 권도 출간하지 못했을 것이다. 아무리 대가의 글이어도 모든 편집자의 환영을 받지 못하고, 편집 과정에서 편집자의 수정을 요청받는 일도 다반사다.

편집자가 글에 공감하고 저자에게 관심을 가지고 그 스토리를 책으로 만들었을 때만 독자도 공감한다. 그러니 편집자에게 가장 중요한 일은 공감력 기르기라고 볼 수 있다.

문제는 공감이란 게 삐딱한 태도에서 벗어난다고 해서 자라나는 감각은 아니라는 점이다. 레슬리 제이미슨의 《공감 연습》에 따르면 공감이란 '관광객처럼 열람하는 태도'와 '상투적인 동일시'로는 가질 수 없는 그 무엇이다. 공감은 "그의 고난을 빛 속으로 끌어와 눈에 보이게 만드는 방법을 알아내는 것"이다. 편집자라는 직업에서 정의하는 '공감'은 저자의 마음을 밖으로 드러내게끔 책으로 포장해 독자들에게 선보이는 작업이라 말할 수 있다.

친구는 그 삐딱한 태도에 불만 가득한 표정의 학생과 달리 쉬는 시간에도 달려와 하나라도 더 물으려 노력하는 다른 학생들 이야기도 해주었다. 친구가 어떻게 기획하는지, 지금 어떤 어려움이 있는지 궁금해했다고 한다. 아마도 그 학생들은 저자와 글을 볼 때도 그와 같은 태도를 유지할 테다. 내 친구는 그들 덕분에 강의를 무사히 마무리할 수 있었다.

나는 편집자가 비평이나 평가하는 자리가 아닌 저자에게 공감한 내용을 독자에게 연결시키는 자리라는 점에 위로받는다. 평가하는 자리에서는 보이지 않는 것들을 공감하는 위치에서는 마주할 수 있다. 저자와 진정한 러닝메이트가 되기도 하고, 독자의 감응으로 저자에 준하는 기쁨을 느끼기도 한다. 내가 평가하는 위치였다면 저자들과 호흡을 맞추며 함께한다는 느낌을 받지 못했을 것이다. 이 기분은 내가 저자의 글에 공감하고, 그에 반응했기 때문에 얻는 선물이다.

완벽주의보다 지속 가능한 삶

대학 시절, 남자 선배들이 맨날 삼삼오오 몰려다니는 광경을 목격한 적이 있다. 뭐 그리 거창한 일을 벌이는 것 같지는 않은데 매일같이 모여서 대체 뭐 하나, 궁금했다. 그들은 매번 당구장 아니면 피시방에서 살았다. 당구장에서는 당구를 할 테고, 피시방에서는 게임하냐는 물음에 스타크래프트를 한다고 대답했다. 단체로 해야 맛이 난다나. 상기된 얼굴로 '남자들의 세계' 운운하는 게 우스워서, 나도 한번 그 남자들의 세계 맛이나 좀 보자고 운을 띄웠다.

"그래? 그렇게 재미있다니 나도 한번 해보자."

선배들 표정 위로 '무슨 여자애가…'라는 말이 스쳐 지나갔지만 개의치 않았다. 선배들을 따라가 당당하게 한자리를 차지하고 앉았다. 그러나 게임 망칠 일 있나. 기본

작동법도 모르는 초보자를 끼어줄 리 만무했다. 선배들은 처음이니까 컴퓨터와 대결해보라며 단축키 몇 개 알려주고 기본 작동법만 설명한 뒤에 본인들만의 게임 세계로 떠나버렸다.

프린세스 메이커 같은 육성 게임 몇 개 해본 게 전부인 나로서는 난해한 숙제였다. 게다가 게임이 너무 어두웠다. 보이지 않는 그림자 속 어딘가에 내 적이 있다니. 정찰병 하나를 보내긴 했는데, 그 아이가 죽을까봐 걱정되었다. 언제 쳐들어올지 모를 적이 무서워서, 우선 방어에 만전을 기했다. 일꾼을 수없이 뽑고, 미네랄을 모으고 또 모으고…. 기다리다 지친 컴퓨터가 직접 몇 차례 한 무리를 끌고 다가왔다. 그때마다 완벽하게 이겼다. 역시 준비된 자에게는 승리가 따르나니. 다만 게임이 좀처럼 끝이 나지 않는다는 작은 문제는 있었다. 선배들이 게임 두어 번 진행할 때까지도 나 혼자만의 싸움은 끝나지 않았다.

조금 자신감이 생겨서 일반 유저와도 붙어보았다. 다시 한번 일꾼을 수없이 뽑고, 미네랄을 모았다. 정찰을 가끔 보내기도 했지만 먼저 공격할 생각이 없었기에 크게 신경 쓰진 않았다. 결과는 어떠했을까? 30분도 지나지 않아 대참패를 겪었다. 그 사건 이후 그 게임은 손도 대지 않았다. '진짜 재미없는 게임이네. 남자들의 세계 따위 안 들어가도 그만이다, 퉤퉤' 정신승리하면서.

왜 졌을까. 게임 규칙도 잘 모르고 덤빈 탓이 크겠지만, 이 부분이 크게 작용했다고 생각하진 않는다. 화투에서도 초보자가 제일 돈을 많이 딴다고 하지 않나. 게다가 컴퓨터와의 대결은 백전백승이었다.

다만 스스로 완벽해진 뒤에 움직이려고 했기 때문에 상대를 이길 수 없었던 게 아닌가 싶다. 유닛도 건물도 미네랄도 만족할 만한 수준이 되기 전에는 쓰지 않고 계속 모으기만 했다. 먼저 나서기를 주저했고, 상대의 정찰병 하나만 다가와도 소스라쳤다. 이런 소극적인 태도를 컴퓨터는 기다려주었지만, 사람은 그러지 못했다. 완벽주의자는 완벽해질 수 없기 때문에 결국 실패한다.

《고민이 고민입니다》는 너무 많이 고민하다가 결국 그 무엇도 하지 못하는 이들을 위한 책이다. 그런 이들에게 책은 "최선을 찾기보다 최악을 피해라"는 이야기를 한다. 우리는 실패할까봐, 나중에 후회할까봐 두려워서 앞으로 나아가질 못한다. 어떻게든 최선의 선택을 찾아 헤매고, 끊임없이 고민만 하다가 결국 뇌에 과부화가 생겨 이도 저도 하지 못한다고 한다. 그럴 때는 '가장 나쁜 패 하나만 피한다'는 심정으로 일단 저질러보라고 제안한다.

처음 해보는 일은 누구나 두려워서, 좀더 완벽해졌을 때 움직이려고 한다. 게임에서 일꾼과 미네랄을 모으듯, 수많은 경우의 수를 생각하며 대책을 강구한다. 책에 따르면 이런 태도는 틀렸다. 고민하는 시간이 길수록 생산성이 떨어지고, 오히려 더 많은 고민만 낳을 뿐이다.

그보다 우리는 결코 완벽해질 수도 없음을 인정하고, 언제나 '70퍼센트면 움직일 때가 되었다'는 마음가짐을 품는 편이 낫다. 책에서는 이를 이른바 "저강도 탐색 모드를 켠다"고 이야기한다.

물론 편집자는 완벽을 추구해야 하는 직업이다. 문맥의 오류나 사실관계 오류, 심지어 단순한 오자 하나를 잡기 위해 눈에 불을 켜고, 좀더 나은 물성을 위해 끊임없이 연구하고 고민한다. 그러나 그 고민이 스스로 만족할 때까지 한도 끝도 없이 이어진다면 어떻게 될까? 아마도 그가 편집하고 있는 책은 세상에 나오기 힘들 것이다. 완벽에는 끝이 없기 때문이다.

스티븐 킹은 "저술은 인간이, 편집은 신이 한다"고 말했다. 이 문장은 편집의 중요성을 강조한 말이지만, 반대로 편집이 신의 영역인 만큼 어느 정도의 실수는 인정해야 한다는 의미도 담겨 있지 않을까. 신의 영역을 한낱 인간인 편집자들이 하고 있으니 자잘한 구멍 한두 개쯤 생기는 것이 어찌 보면 당연하다.

완벽이라는 허상은 스스로는 물론 타인에게도 피해를 준다. 종종 회사에서 판매 사이즈가 크다고 판단한 책은 "무조건 이 일정에 맞추라"고 요구하기도 한다. 그럴 때는 자꾸만 저자에게 안부 전화를 (가장한 독촉 전화를) 걸게 마련이다. 내 불안한 목소리를 무시하고 자신의 속도를 유지하는 저자도 있지만, 마감 기한 안에 원고를 넘겨주어야 하는데 어쩌면 좋으냐며 안절부절못하는 저자가 부지기수다. 한번은 무리한 일정을 지키려다가 디스크가 심해져서 병원에 치료받으러 간다는 작가의 전화를 받은 적이 있다. 내 곤란을 덜기 위해 상대의 몸까지 아프게 만든 것이다. 이후로는 아무리 일정이 급해도 작가에게 꼭 이 말을 건넨다.

"작가님, 우리 지속 가능한 삶을 추구합시다. 할 수 있는 만큼만 해요."

원고 마감 기한을 지정한 당사자이면서 병 주고 약 주는 꼴이지만, 마음만은 진심이다. 이제는 저자에게 무조건 독촉하기보다는 "출간을 조금 미루거나 편집적인 부분에서 일정을 조정할 테니 너무 무리하지 마시라"고 당부한다.

지속 가능한 삶을 위해서는 '완벽하지 않아도 된다'는 마음과 '무리하지 않는 선'을 지키는 게 가장 중요하다. 책 한두 권 출간하고 끝낼 수 없고, 출판 한두 해 하고 그만둘 수 없으니까. 지속 가능한 선에서 최대한 오래 책을 내려면 '완벽'이라는 허상부터 벗어야 한다.

저자와 독자 사이에 다리 놓기

출판계 밖 사람에게 직업이 편집자라고 소개하면 보통 "편집자는 무슨 일을 해요? 교정교열 보는 거예요?"라는 질문이 따라온다. 그럴 때면 내 머릿속은 적당한 말을 고르느라 여념이 없다. 어디서부터 말을 꺼내야 이 사람이 내 직업을 제대로 상상해줄까 싶어서다. 출판계 밖 사람에게 이 직업이 얼마나 흥미로운지 소개하는 경험은 즐겁다. 그러나 만약 소개팅 자리에서 상대가 내게 이런 말을 건넸다면 그 사람을 향한 호감은 짜게 식는다. 이 사람은 나와 전혀 다른 세계에 사는, 이른바 '머글'이구나 싶은 것이다. 내밀한 이야기를 주고받을 수밖에 없는 연인이라면 첫 단추부터 잘못 끼워질 테다. 이런 예감에 지레 선을 긋고, 선이 그어진 이후에는 내 직업을 소개할 전투력을 잃는다. 이럴 때면 그저 "아, 예. 뭐 그것도 하는데 그것만 하는 것은 아니고… 이것저것 다 해요" 따위의 해도 그만 안 해도 그만인 두루뭉술한 말로 대충 얼버무리곤 했다.

실제 소개팅 자리에서 편집자란 무엇인지 제대로 설명하지 못한 경험이 있다. 친구의 소개로 만난 동갑내기 상대는 안달이 난 상태였다. 난 이미 그가 내게 "편집자면 교정교열 보나요?"라고 말을 건넨 순간부터 그를 '머글'로 지정했다. 첫 소개팅 이후 더는 만날 생각이 없었는데, 그를 소개해준 친구가 사정을 했다.

"내 얼굴을 봐서 세 번은 만나줘라. 아니면 친구로라도 지내봐. 네가 몰라서 그러는데 걔 진짜 진국이야."

한 번 아니면 아닌 거지, 세 번 만난다고 우리의 세계가 호환될 리 없었다. 그러나 친구가 하도 사정을 하기에 "알겠어, 만나볼게"라고 대답했다.

그는 하루가 멀다 하고 안부를 물었다. 정이 붙으면 시나브로 연인이 된다고 생각했던 게 아닌가 싶다. 그 친구는 빨리 친해지고 싶은 마음에 이것저것 내가 관심 보일 법한 요소들을 구상하기 시작했다. 그 첫 번째로 내민 카드가 본인의 이력서였다.

"회사를 옮기고 싶은데 자기소개서 쓰기가 너무 어렵더라고. 네가 편집자니까 봐주면 안 될까? 한턱낼게."

'네가 편집자니까'와 '자기소개서' 사이에 어떤 상관

관계가 있는지 잘 모르겠다. 아마도 편집자는 글 만지는 사람이고 이력서는 글이니까 내 일과 비슷하다고 생각했나 보다. 고맙다는 이유로 밥을 사며 만날 기회를 잡으려는 의도도 다분했다. 그럼에도 내치지 못하고 모 업계의 자기소개서를 들여다보게 되었다. '역시 얘는 안 되겠어'라고 중얼거리면서.

자신이 생각할 수 있는 편집자상의 최대치가 '글 만지는 사람' 정도였다는 게 그와 나 사이의 문제였는지도 모르겠다. 처음부터 그에게 "편집자란 말이야" 하며 괜찮은 정의를 내려줬다면 그 친구가 좀더 근사하게 다가왔을까.

사실 '편집자'라고 하면 주변에서 '내 자기소개서 좀 봐달라'며 한글 파일을 보내는 친구들을 자주 접한다. 그들에게 편집자를 뭐라고 설명해줄 수 있을까.

'편집자란 무엇인가'라는 질문에 대답하는 것은 중요하다. 직업을 어떻게 정의하느냐에 따라 그 사람의 가치관과 입장이 결정되기 때문이다. 이는 곧 내 일에 대한 상을 구체화시키는 하나의 수단이다. 그러니 직업을 한마디로 설명할 수 없다는 건 일종의 직무유기일 수 있다. 그럼에도 나는 아직 편집자에 대한 정의를 명확히 내리지 못한다.

변명할 여지는 있다. 책을 만드는 과정에서 편집자가 관여하는 일이 워낙 광범위하기 때문이다. 출판계 밖에 사는 '머글'들이 편집자의 업무로 제일 먼저 떠올리는 교정교열은 물론 중요하지만 이는 편집자 역할의 일부분에 불과하다. 요즘에는 교정교열을 외주교정자에게 할애하고, 이렇게 확보한 시간을 기획이나 마케팅에 치중하는 편집자도 많다. 교정교열이 편집자의 필수 덕목이라면 교정을 보지 않는 편집자는 편집자의 바운더리 바깥에 놓일 것이다. 이 때문에 나는 '자기소개서 첨삭은 내 직업 특성과 큰 상관이 없다'라고 생각했다. 하지만 저자의 원고에 대한 첨삭이 교정교열의 한 과정이라 생각하면 또 아예 연관이 없다고 딱 부러지게 말하기도 애매하다.

어떤 분야, 어느 출판사 편집자냐에 따라 업무의 종류와 본인이 생각하는 '에디터십'이 천차만별이라는 점도 '편집자란 무엇인가'라는 질문에 답하기 어렵게 만든다. 아마도 대학교재 출판사에 다니는 편집자와 인문 출판사 편집자, 교과서를 만드는 출판사 편집자가 한데 모여 각자의 일에 관해 이야기를 나눈다면 "편집자가 그런 일도 한다고?"라며 서로 놀랄 것이 분명하다. 이처럼 하나의 직업이 분명하게 정의되지 않는 경우도 드물 것 같다.

그럼에도 우리를 한데 묶는 정체성 같은 게 있지 않을까. 한 편집자가 집필한 책에서 이런 구절을 찾았다. 김필균 문학편집자는 인터뷰집 《문학하는 마음》 머리말에 인터뷰어의 역할에 대해 고민했다고 밝힌다. 방황하는 그에게 편집자이자 시인인 김민정 씨가 조언한다.

"들어주는 사람. …너는 그들을 그들 자체로 가장 그들답게 있게 해주는 사람."

그를 환하게 만들어준 이 조언은 인터뷰어의 역할을 정의해주는 말이었으나 그 자리에 '편집자'라는 단어를 넣어도 적절하다.

편집자란 저자의 생각과 말 사이사이에 알맞은 다리를 놓고, 저자와 독자가 맞닿도록 돕는 사람이다. 저자의 말을 듣고, 그가 하려는 말을 잘 다듬어 독자에게 연결해준다. 이것이 내가 정리해본 '편집자란 무엇인가'에 대한 정의다.

이렇게 편집자를 정의하니 마음이 한결 가볍다. 이렇다 할 두드러짐이 없는 내가 가장 빛날 수 있는 방법은 남을 빛내주어 그 후광을 받을 때뿐이니까. 물론 '잘 들어서 표현해야 한다'는 숙제가 남아 있지만, 내가 전면에 나서지 않아도 된다니, 얼마나 다행인가 싶다.

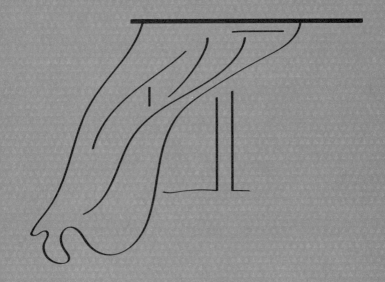

2부

편집자로
살아남기

신입이 출판사에 입사하는 법

첫 회사에서 쫓겨난 뒤 원망과 자책, 자기혐오에서 벗어나지 못했다. 날개조차 펴보지 못하고 바닥으로 떨어진 기분이었다. '날개 펼 시간은 주어야 하는 게 아닌가' 원망하다가 이내 '내가 좀더 똑똑했으면 좋았을걸' 하는 자책까지 극과 극을 오갔다. 한 번의 실패가 영원한 실패의 전초전일까봐 무서웠다.

가장 후회되는 지점은 최선을 다하지 못했다는 자책이다. 내게 주어진 나름의 영역이 있었을 텐데 두 달을 너무 허무하게 날린 것 같아서, 그런 기회가 다시는 오지 않을까봐 두려웠다. 당시에는 "나사 부품으로 간주하는 조직인간에서 벗어나고자 하는 자유를 향한 욕망(서동진,《자유의 의지 자기계발의 의지》)"을 갈망하기보다는 기꺼이 나사 부품이라도 되고 싶었다.

그럼에도 그 두려움이 고마웠던 지점은 나를 적극적으로 변화시켰기 때문이다. 매일같이 출판사 구인구직 사이트인 '북에디터'를 들락거리며 응시 자격에 '신입' 표시가 없어도 원서를 접수했다. 사실 북에디터에서 '신입 편집자를 모십니다'라는 글 자체를 만나기가 어렵다. 다만 응시 자격에 '1, 2년차'라고 적혀 있다면 지원해도 무방하다고 판단했다. 기본만 뗐다면 자기네들 식구로 재교육하겠다는 의지일 테니까. 3년 이하 편집자 모집 공고는 전부 지원했다.

이력서도 눈에 띄게 개선했다. 기존의 천편일률적인 세로 편집 이력서를 가로로 전환하고, 단을 둘로 나누었다. 첫 페이지 왼쪽은 백면, 오른쪽은 나를 정의하는 문장을 제목처럼 넣었고, 두 번째 페이지 왼쪽에는 신상정보, 오른쪽에는 첫 페이지 오른쪽에 넣었던 문장을 좀더 크게 다시 한 번 삽입하고 페이지 중간에 이름, 하단에 지원하는 회사의 로고 이미지를 넣어주었다. 세 번째 페이지 왼쪽부터 자기소개서가 시작되었다. 한글 프로그램을 이용해 이력서를 책처럼 조판한 것이다. 지금 생각하면 여백 조정도 어색하고 페이지 대수도 안 맞는 어설픈 이력서였는데, 의외로 효과가 있었다. 한 출판사에서 연락이 왔다.

"굉장히 독특한 이력서더군요. 한번 만나 뵙고 싶습

니다.”

　한 달 뒤, 이 연락을 준 분은 내 첫 사수가 되었다. 아마도 능력보다는 가능성과 정성에 점수를 주었던 게 아닌가 싶다.

　원하는 분야나 입사를 희망하는 회사가 존재할 것이다. 첫 단추부터 차근차근 잘 채우고 싶은 마음은 충분히 이해한다. 문제는 신입 등용문이 지나치게 한정적이라는 사실이다. 출판 관련 책을 읽다 보면 ‘책장에 꽃은 책들을 훑어보세요. 거기서 가장 많은 수를 차지하는 출판사를 찾아보세요. 그 출판사가 당신과 가장 잘 맞는 곳입니다’ 류의 내용도 언급된다. 일리 있는 말이지만 신입에게 적용되기는 쉽지 않다. 입맛에 맞는 모집 공고를 기다린다면 1년이 지나도록 지원서 한 번 내밀지 못할 확률도 크다. 게다가 내가 원하는 회사는 남도 가고 싶어 한다. 공고 올라오기만 오매불망 기다렸는데, 그 회사에서 내가 아닌 다른 이를 원한다면 그때는 어찌할 것인가.

　시작부터 자기 분야를 설정한다는 것은 스스로에게 한계로 작용한다. 아직 그 무엇도 겪어보지 못했는데 자신한테 맞는 분야와 회사가 있다고 생각하는 것 자체가 잘못이다.

　첫 사수를 만난 직장은 힐링, 마음, 영성을 주제로 한 책을 주로 출간하는 문학 에세이 출판사였다. 초반 몇 달은 너무 즐거워서 이 분야라면 평생 일해도 괜찮을 것 같았다. 1년이 넘어가면서 조금씩 어긋났다. 나는 한 권씩 출간할 때마다 계속 새로운 자극을 얻어야 하는 타입이었다. 저자 이름만 다르고 내용도 제목도 비슷한 책을 하나둘 출간하면서 재미를 잃어갔다.

게다가 당시의 회사는 편집자가 저자들과 긴밀한 관계이기를 바랐다. 사장은 퇴근 후에도 저자와 한잔 기울이면서 내밀한 이야기를 주고받고, 그 자리에서 차기작 계약을 약속받는 편집자가 능력자라고 했다(모든 문학 편집자가 그런 식으로 일하지 않는다는 사실은 나중에야 알았다). 이러한 편집자를 바란 사장은 끊임없이 회식과 저자와의 술자리를 강요했다. 참고로 나는 알코올 분해요소가 없다. 심지어 박카스 한 병, 매실차 한 잔만 마셔도 취한다. 회사에서 매실차를 진하게 타 마셨다가 취해서 조퇴한 적도 있다. 이런 나이기에 곧 사장에게 눈엣가시로 전락했다. 후배와의 능력 비교까지 더해져 "술 못하는 것들은 일도 못해"라는 말을 수시로 들었다. 나는 그곳에서 '사람'이 아니라 '것'이었다. 일주일에 5일 회식한 날, '이런 분야가 문학이라면 나는 정말 안 되겠다' 확신했다.

매번 새로운 지적 자극을 주는 책을 만들고 싶다, 저자와 정으로 얽히는 사이가 아닌 그저 편집자로서 만나고 싶다. 이 두 가지가 새 직장을 고려할 때 우선순위였다.

초반에는 일단 경력을 쌓아야 한다. 신입 티를 벗는 게 먼저다. 에세이든 소설이든 어린이책이든, 편집자의 기초는 동일하니까 일을 배우면서 나에게 어떤 옷이 맞는지 계속 질문해보면 좋겠다. 운이 좋아 첫 직장에서 바로 적성을 찾을 수도 있겠고, 아닐지도 모른다. 그건 겪어보기 전에는 알 수 없다. 종종 질문을 받는다.

　　"분야를 옮기기가 어렵지 않나요?"

　　내 대답은 '그럴 수도 있고 아닐 수도 있다'이다. 내 주변 출판계 지인들을 보면 처음부터 원하는 분야에 입사해 지금까지 계속 그 분야를 파고드는 이도 있고, 나처럼 이런저런 시행착오를 겪다가 자신의 성향을 찾은 경우도 존재한다. 한 지인은 운전면허 자격증 교재를 만드는 교재·학술 출판사에서 경력을 시작했으나 지금은 단행본 출판사에서 자기계발 전문 편집자로 역량을 쌓아가고 있다. 나 역시 에세이 분야에서 인문으로 전환할 때 수차례 서류 전형에서 탈락했다.

　　분야를 옮기기가 어려운 이유는 익숙한 길을 선택하려는 탓이 크다. 분야 이동이란 지금까지 쌓아왔던 노력을 부수고 다시 처음으로 돌아가는 부담감을 안아야 하기 때문이다. 언제나 과정은 힘드니까, 되도록 편한 쪽을 택하는 것이다.

　　《반 고흐, 영혼의 편지》에는 빈센트 반 고흐가 그의

동생 테오와 주고받은 편지 내용이 담겨 있다. 당시에 고흐는 생활고에 시달리면서도 "위대한 일이란 그저 충동적으로 이루어지는 것이 아니라 연속되는 작은 일들이 하나로 연결되어서 이루어진다"고 적어 보냈다. 그가 모델료가 없어 정물화만 그리던 나날들을 버틴 이유는 "사물의 핵심"에 도달해 원하는 정도의 그림 퀄리티를 만들어내기 위함이었던 것 같다. 그는 삶이라는 전투에서 최상의 것을 얻어내기 위해 포기하지 않았고, 덕분에 오늘날까지 이름이 남았다.

물론 우리는 천재도 아니고 역사에 이름을 남길 필요도 없다. 그러나 자신이 바라는 바를 이루기 위해 때로는 지금의 혹한을 견딜 줄도 알아야 한다는 점만큼은 고흐와 별반 다르지 않다. 원하는 바가 있다면 끊임없이 두드려보아야 한다.

기획은 '아니면 말지' 정신으로

모든 게 처음이던 시절, 대부분의 미션이 어려웠지만 가장 난해하던 임무는 원고 청탁이었다. 일면식도 없는 타인에게 청탁이라는 이름의 부탁을 해서 무언가 얻어내야 한다는 게 퍽 민망하다고 생각했던 것 같다. 그래서 원고를 청탁할 때마다 자꾸만 고개를 숙이다 못해 기역 자 모양으로 접혀서 전화를 걸었다.

상황은 신입을 지나 팀 허리 위치에 놓였을 때조차 비슷했다. 한번은 업계 지인에게 이런 마음을 고백한 적이 있다. 기획이 제일 어렵다, 우리나라 편집자들은 나 빼고 다 특출 난 것 같다, 다들 어쩜 그렇게 기획을 잘하는지 모르겠다 등 한없이 낮은 자존감과 열등감에 사로잡힌 말들을 두서없이 내뱉었다.

당시에 지인은 쇠락한 출판사에 갓 입사해 팀 재건을 맡은 바람에 기획 압박을 심하게 받던 중이었다. 인풋으로 가득하지만 아웃풋은 없는 상태에 '우리는 편집자 자질이 없는 것 같아' 서로 부대끼고 엉엉 울 법도 한데, 그는 의외의 말을 남겼다.

"나는 그냥 기획이 되든지 안 되든지 일주일에 두 명씩 청탁해."

근무일수가 일주일에 닷새니까, 이틀에 한 번꼴로 누군가에게 청탁 이메일을 보낸다는 소리였다. 웬만한 저자라면 편집자를 먼저 찾아오지 않는다. 특히 신생이거나 소규모 출판사라면 말할 것도 없다. 기획자 손을 거치지 않은 투고 원고에서 빛나는 기획력과 통찰을 찾기는 하늘의 별 따기다(나 같은 경우는 10여 년 동안 투고 원고를 살폈으나 책으로 출간한 경우는 단 두 차례였다). 확률을 높이려면 최대한 많은 사람에게 다양한 기획을 제안하는 수밖에 없다. 그러나 말이 쉽지, 친구에게 보내는 텍스트 메시지도 아니고 회사를 대표해 보내는 연락의 무게감이 상당할 텐데 그는 의외로 담담했다.

"아니면 말지, 뭐."

아니면 그만이구나! 왜 그 생각을 못 했을까. 그 전까지는 기획의 어려움을 내 탓으로 돌렸다. 거절 연락을 받을 때마다 자책하기 바빴다. '이 분야에 대한 공부가 부족했나?', '저자의 현재 관심사가 무엇인지 좀더 깊이 파악했어야 하는데', '내 기획이 너무 나이브했을지도 몰라. 요즘 유행하는 책의 아류 같았나?', '내가 프로페셔널한 편집자처럼 보이지 못했던 것은 아닐까', '이메일 형식이 좀더 정중했어야 하나?' 등 거절받은 이유를 계속 찾아다녔다.

반복된 거절에 지치다 보니 나중에는 저자에게 연락하기 전부터 최대한 경우의 수를 따져보았다. '이분은 벌여놓은 일이 너무 많은데? 출판에 관심이 없을 것 같으니 패스하자', '이 작가는 한 출판사에서만 책을 내네? 그럼 기획을 제안해도 소용없겠다. 패스하자', '강연을 많이 하시는데 출간한 책이 한 권도 없네. 게으른 유형 같으니 패스하자.' 가능성을 발견한 즉시 수화기를 들어도 모자랄 판에 벽을 잔뜩 치고 알아서 거르고 있었다. 가뜩이나 청탁에 어려움을 느끼는 상황에서 이런 고민들까지 더해지니, 기획 자체가 난해한 숙제처럼 느껴졌다.

왜 청탁을 두려워했을까. 결국 상대의 '기획에 대한 거절'을 '나를 향한 거절'로 잘못 받아들이는 인식 문제 아니었나 싶다. 그가 나를 거절한 것이 아니라 그저 해당 기획에 별로 관심이 없어서, 요즘 진행하는 일이 너무 많아서, 집필 중인 원고와 콘셉트가 겹쳐서 등 상황이 맞지 않았을 뿐인데, 스스로 벽을 만들고 거절받을 상황을 머릿속으로 미리 그려보다. '아니오'라는 말을 듣기가 무서워서 아예 제안조차 하지 않았다.

나도 '아니면 말고 정신'을 이어받아보기로 했다. 지인 말대로 이틀에 한 번꼴로 메일을 보내기 시작했다. 그러려면 관대해져야 한다. 이전까지는 해당 저자와 기획이 '안 되는 이유'에 집중했다면, 이제부터는 '되는 이유'가 조금이라도 보이면 그 부분에 주목했다. 생각을 전환하니 함께 작업하고 싶은 저자와 나누고 싶은 이야기가 무한대로 확장되었다. 블로그·브런치·칼럼·페이스북·강연·공연 등 콘텐츠는 무궁무진했다. 접하는 모든 텍스트를 '책으로 나올 수 있을 것인가'를 기준으로 구분했다. 그게 무엇이든, 어디서 본 글이든 흥미로우면 일단 연락을 취했다.

"작가님이 쓰신 글의 주제를 확장해서 책으로 만들어보고 싶어요."

한 저자는 제안 당시 안식년이라 1년 동안 독일에 있을 예정이라는 이유로 기획을 거절했다. 그분에게는 1년 뒤에 다시 연락을 드렸다. 그 정성에 감복했는지 모르겠지만 결국 해당 내용으로 집필해보겠다는 답변을 받았다. 이전처럼 상대의 거절을 나를 향한 거절로 받아들였다면, 그래서 다시 제안 메일을 보내지 않았다면 이루어지지 못했을 소중한 경험이다.

물론 모든 저자가 내 제안에 흔쾌히 오케이하지는 않았다. 마음을 다해 정성스러운 제안 메일을 보냈음에도 거절하는 답변조차 받지 못할 때가 부지기수다. 한번은 '답장'이 아닌 '전달' 메일을 받은 적도 있었다. 저자의 논문을 보완해 단행본으로 출간하자는 내용의 기획안을 보내놓고 답변을 기다리던 중이었다. 기다리던 저자의 메일이 왔는데, 제목에 'FW:'라는 말머리에다가 내용에는 다음과 같은 코멘트가 적혀 있었다.

"○○야, 이것 봐라. 또 제안 왔어. 이번에는 기획안까지 ㅋㅋ."

애써 만든 기획안과 메일을 누군가와 가볍게 돌려 읽다니. 그것도 메일을 보낸 당사자에게 전달한 무례함에 당황스러워서 얼굴이 새빨갛게 달아올랐던 기억이 지금도 생생하다.

저자로부터 오케이 답변을 받았다고 일이 끝난 것도 아니다. 블로그나 페이스북 등 불특정 다수를 대상으로 쓴 글들은 특정 주제를 잡아서 기획으로 다듬는 데 지난한 시간이 걸렸다. 아예 책을 한 권도 내보지 않은 저자는 자꾸만 기획 의도에서 엇나가려 했다. 그럼에도 끊임없이 저자를 찾고 계속 새로운 기획을 시도했다. 당시의 나에게는 그 시도가 중요했다. 결과는 차후의 문제였다. 열심히 노력해보고, 안 되면 그때는 어찌할 수 없지 않은가.

맹자는 《맹자》에서 천명, 즉 '하늘의 뜻'에 대해 이야기한다. 누군가는 천명을 '모든 것을 운명에 맡겨라'는 의미로 이해할지 모르지만 이는 맹자의 의도와 결이 다르다. 곧 무너질 담장 앞에 서 있는 자는 운명을 따르는 게 아니라 그저 자신의 치기를 보여줄 뿐이다. 여기서 천명이란, 인간의 노력을 전제로 한다. 결코 태만하지 않고 스스로 노력하되 자신의 힘으로 되지 않는 '어찌할 수 없음'을 인정하는 것. 이 마음이 기획에도 필요하다.

혼나는 노트를 작성해보기

첫 사수와는 나이도 연차도 정확히 10년 차이가 났다. 다섯 명이 겨우 넘는 작은 출판사에서 그를 만났다. 한 사람이 열 명 몫을 해야 하는 열악한 환경에서 이제 갓 대학을 졸업한 풋내기까지 떠안은 사수의 심정은 어땠을까. 그는 종종 편집부 수장으로서 신입까지 관리하는 고단함을 고백했다. 나와의 연차 차이로 생기는, 나에게 주지 못하는 경험과 공백을 미안해하기도 했다. 그런 말들을 들을 때마다 그가 나를 포기해버릴까봐 두려웠다. 박봉에 새끼 편집자까지 줄줄이 떠안은 자신의 처지에 대한 하소연이었을 텐데 '나를 밀쳐버리면 어쩌지'라는 생각에 지레 겁을 먹었던 것이다. 첫 직장에서 하루아침에 폭력적으로 쫓겨난 경험 때문에 지나치게 위축된 상태였다.

다행스럽게도 그는 나를 포기하지 않았다. 대신에 나를 한 사람 몫을 하는 편집자로 성장시키기 위해 부단히 노력하는 길을 택했다. 덕분에 매일같이 다양한 조언과 지적을 받았다.

더듬거리며 말하지 마라, 전화를 받을 때 목소리는 믿음직스럽고 진중해야 한다, 전화 걸기 전에 머릿속으로 한번 시뮬레이션해라, '네'를 여러 번 반복하지 마라 등의 태도 관련 스킬부터 에디터와 저자는 동등하다, 저자가 하란 대로 다 해주지 마라, 에디터라는 자긍심을 가져라, 독자한테 쫄지 마라, 사장한테 쫄지 마라, 마케터한테 쫄지 마라(나는 맨날 쫄았나 보다) 등의 에디터십 조언, 교정에 적응될 때까지는 화면 초교를 두 번씩 봐라, 일주일에 에세이를 한 편씩 써서 제출해라, 책을 읽을 때도 '나라면 어떻게 포장했을까, 어떻게 보도자료를 썼을까' 상상하라는 등의 실무 교육까지, 매일같이 수많은 숙제를 안겨주었다.

듬직한 사수였지만 친절한 타입은 아니어서, "앞으로 이렇게 저렇게 하세요"라고 조언하는 정도이고, 자잘한 디테일은 혼자 깨쳐야 하는 상황이었다. 나중에는 숙지할 내용이 너무 많이 쌓여서 전날에 사수가 무슨 조언을 했는지 기억조차 나지 않을 지경이 되었다. 한번은 정신 못 차리고 허둥대는 나를 본 사수가 불러다가 앉혀놓고는 말했다.

"실수하는 거야 상관없는데, 앞으로 같은 실수를 두 번 하지는 마세요."

그렇게 또 '앞으로 이렇게 저렇게 하세요' 하고는 가 버렸다. 사수에게 지적받는 것보다 같은 실수를 반복해서 그를 실망시키는 쪽이 더 두려웠던 나는 그날부터 '혼나는 노트'라는 공책을 만들어 매일같이 적어두기 시작했다. 말로 지적받은 내용은 기억해놓았다가 얼른 책상으로 돌아와 직접 필사했고, 메신저로 지적받은 내용은 텍스트를 긁어다가 프린트해서 공책에 붙여놓았다. 매일 아침에 출근하자마자 제일 먼저 그 혼나는 노트를 펼치고 처음부터 끝까지 읽어 내려갔다.

'바보가 아닌 이상 매일같이 읽다 보면 머릿속에도 들어오겠지. 머릿속에 들어오면 몸도 움직일 테고, 적어도 같은 실수는 그만하지 않을까.'

좀더 나은 사람이 되고 싶은 간절함이 만들어낸 고육지책인 혼나는 노트는 꽤 유용했다. 사람이라면 누구나 관성이 있어서, 잘못인 줄 알면서도 줄곧 반복한다. 이럴 때는 관성적인 습관에 따르는 '반복행동' 패턴을 바꾸어야 한다. 찰스 두히그가 쓴《습관의 힘》에서는 새로운 습관을 몸에 쌓으면 기존의 신경계 패턴이 새로운 패턴으로 덮이는 현상에 대해 설명한다. 옛 행동과 관련된 신경 활동이 완전히 사라지지는 않지만, 새로운 습관에 의해 밀려

난다고 한다.

《습관의 힘》이론에 따르면 내 혼나는 노트는 "핵심 습관(혼나는 노트 쓰기)으로 인해 다른 습관들이 형성되는 구조"를 만들어냈다. 매일 같은 동작을 반복하다 보니 나중에는 혼나는 노트 어디쯤에 어떤 문구를 적어놓았는지까지 자연스럽게 떠올랐다. 덕분에 비슷한 종류의 실수를 반복하는 어수룩한 신입에서 졸업할 수 있었다.

신입의 실수를 가만히 들여다보면 종류만 다를 뿐, 본질은 같은 경우가 많다. 이럴 때 혼나는 노트가 꽤 도움이 된다. 혼나는 노트의 장점은 다양하다. 우선 집중력이 높아진다. 자리에 돌아가 서둘러 조언들을 정리해 적어야 하기 때문이다. 전에는 사수에게 폐를 끼쳤다는 생각에 몸 둘 바를 몰라 고개만 숙이고 있었다. 혼나는 노트를 적기 시작하면서부터는 조금 뒤에 그의 말을 적어놓아야 하니 내용에 좀더 귀를 기울이게 되었다. 이 태도가 집중력을 향상시켰던 게 아닌가 싶다.

또 다른 장점은 요약·정리하는 훈련이 된다는 점이다. 사회생활을 처음 시작할 때 가장 어려운 업무 가운데 하나가 '요약해서 보고하기'다. 회사는 미괄식을 좋아하지 않는다. 두서없이 장황하게 설명하다가는 '그러니까 요점이 뭔데?'라는 날카로운 지적이 날아온다. 혼나는 노트는 한정된 공간에 상대의 말을 받아 적는 작업인 만큼

요약이 필수다. 요약하지 않으면 지적 사항을 옮겨 적는 데만 반나절이 걸릴지도 모른다. 손가락에 마비가 오고 싶지 않을 테니 자연스럽게 요약하는 법이 몸에 익는다. 누구나 스스로 편한 방식을 찾게 되니까, 상대의 말 가운데 필요한 부분만 선별해 익히는 훈련이 될 수 있다.

자신감도 생긴다. 신입 때는 지적받을 일이 많다. 지적이 반복되면 막연히 불안하고 우울해질 수도 있다. 나는 왜 이렇게 일을 못하지? 편집자가 적성이 아닌가? 혹시 나는 사회생활 체질이 아닌 것일까? 역시 퇴사만이 답인가? 퇴사하면 뭐 하며 먹고살지? 등등 '나는 왜 이렇게 못하지'라는 생각이 꼬리에 꼬리를 물고 사람을 극단으로 치닫게 만든다.

막상 혼나는 노트를 작성해보면, 자신의 기억만큼 실수가 잦지는 않다는 사실을 깨달을 것이다. 막연히 지적만 당하면 하루에도 열댓 번은 혼나는 느낌이 드는데, 혼나는 노트에 적힌 숫자를 세어보면 생각보다 많지 않다. 어두운 생각이 사실 관계까지 왜곡하는 것이다.

더불어 신입 때는 소소한 소망을 품는 자세가 필요하다. 내 경우에는 '빨리 성장해서 한 사람의 몫을 해내야지' 하는 조급함이 낳은 바람보다는 '어제보다 나으면 그걸로 되었다' 정도의 작은 소망이 정신 건강과 개인 성장에 좀더 도움이 되었다. 누구도 신입에게 완벽을 바라지 않는다. 그저 같은 실수만 안 하면 된다. 어제의 실수가 적힌 혼나는 노트를 들여다보며 '어제의 나보다는 나아지자'라고 다짐해보면 어떨까.

숫자를 보여준 후 낭만을 말하라

지금은 출간하는 책의 대부분을 내 기획으로 채우지만, 기획이라는 여건이 처음부터 주어지지는 않았다. 편집자 생활 초반에는 기획보다는 편집을 익히는 데 주력했다. 첫 사수에게 편집 기술이나 저자 응대, 사회생활 태도 등 많은 것을 배웠으나, 안타깝게도 기획 노하우에 대해서는 들어본 적이 없다. 본격적으로 기획에 대해 배우기 시작할 즈음, 사장발發 직장 내 괴롭힘을 견디지 못하고 회사를 그만두었기 때문이다.

그러다 보니 기획이란 '해결하지 못한 난해한 숙제' 같았다. 처음 '기획안을 작성해보라'는 지시를 받았을 때는 마냥 막막했다. 참고용으로 받은 기획안은 너무도 완벽해 보였다. '편집자 본인이 직접 써도 되겠는데?'라는 생각이 들 정도였으니까. 난 저 정도의 지식이 없는데 어쩌나 싶었다. 온종일 참고도서를 찾아 인터넷 서점을 뒤적거렸더니 머릿속만 더 복잡해졌다. 생각할 수 있는 아이디어는 이미 다 책으로 출간된 것 같았다.

기획회의 날짜는 하루 이틀 다가왔다. '빈손'으로 들어가는 일은 있을 수 없었다. 불호령을 듣고 싶지 않으면 죽이 되든 밥이 되든 뭐라도 제출해야 했다. 일단 가장 만만한 분야를 건드렸다. 평소에 정치 사회 분야에 관심이 많아서 이 분야를 다루기로 했다. 분야가 분야인지라, 기획안에 힘이 잔뜩 들어갔다. 세상 모든 문제점이 해당 키워드에 응축된 것처럼 포장해놓았다. 지금 생각하면 부끄럽지만, 이거 하나만 바꾸면 대한민국이 바뀐다!(그런 건 없다)라고 외치는 듯한 기획안이었다. '한 권의 책'이 세상을 바꿀 수 있다고 믿던 시절이었다(못 바꾼다).

기획안을 제출한 날, 상사는 이런 코멘트를 주었다.

'의미 있는 기획임은 알겠다. 세상에 필요하다는 당위성도 분명하다. 그런데 이 책, 몇 권 팔릴 것 같으냐. 초판을 3,000부 찍으면 3,000명이 사서 봐야 한다는 뜻이다. 이 책을 3,000명이 집어들 것 같으냐.'

혹독한 코멘트였다. 상사는 내게 "만들고 싶은 책을 만드는 것도 중요하지만, 그러려면 돈부터 벌어와"라고 말했다. 내 기획은 돈이 되지 않는다는 의미였다.

처음에는 불쾌했다. 책을 만드는데 '돈'부터 운운하는 그가 속물 같아 보였다. 판매 사이즈가 작은 분야를 선호한다는 이유로 하대하나 싶어서 약간의 모멸감도 느꼈다. 출판의 기본은 다양성이지 않나. 100만 명이 읽는 책과 1,000명이 읽는 책이 공존해야 출판계가 풍부해지지. 그것이 출판업계에 100인 넘는 사업장과 일인출판이 공존하는 이유 아닌가 등등. 입 밖으로 꺼내지 못한 수많은 반박이 머릿속에 떠다녔다.

연차가 쌓이고 내가 그분 위치에 가까워지니 조금은 알겠다. 회사는 의미만으로 굴러가지 않는다. 출판 생태계가 다양한 책으로 서로의 영역을 풍부하게 만드는 것도 사실이지만, 어느 정도의 판매 사이즈를 확보한 책이 아니라면 그 책에 담긴 모든 의미는 이내 매대 밖으로 사라지는 것도 현실이다.

당시 상사는 나와 다른 분야의 책을 주로 기획했다. 그와 나는 많은 점이 달랐지만 그분 밑에 있던 덕분에 책이라는 낭만을 제거하고 '팔리는 책'의 냄새를 맡는 법을 어렴풋이 배울 수 있었다.

일본에서 천재 편집자라 불리는 미노와 고스케는 《미치지 않고서야》에서 "책 따위 팔리지 않아도 누구도 죽지 않는다. …중요한 건 내 마음이 얼마만큼 움직이는가에 있다"라고 말한다. 마음을 담아 책을 기획하라는 의미다. 그런데 그다음 장에서는 "'내가 만들고 싶은 책을 만들면 팔리지 않아도 좋다'라고 말하는 편집자란 치기 어린 유형, 이른바 '낭만적인 편집자'"라고 치부한다. 좋아하는 책을 만들기 위해서는 '숫자'가 필요하다고 못을 박는다. 그의 말은 앞뒤가 다르게 들린다. 그럼에도 두 문장을 한 책에서 연달아 이야기하는 까닭은, 책의 의미와 숫자 사이의 균형감을 잡아야 괜찮은 편집자로 성장하기 때문일 것이다. 이 책에 언급된 그의 말과 태도에 거의 공감하지 못했지만(그를 겪은 적이 없어 조심스러우나, 열정이라는 이름으로 스스로를 소진시키다 못해 남까지 갈아 넣는 유형이 아닌가 싶다) '돈을 번 후에 낭만을 말하라'는 말만큼은 밑줄을 그었다.

한 권의 책이 세상에 나올 때, 초판을 약 2,000부 찍는다. 책을 2,000부 찍는다고 생각하면 '그런가 보다' 하겠지만 2,000명이 책을 집어 들어야 비로소 2쇄를 찍을 수 있다고 생각하면 문득 아찔해진다. 의미만 있고 독자에게 가닿지 않는 책들이 서가에 쌓이는 모습을 보면 새삼 나무에게 미안해져 고개를 숙일 수밖에 없다. 내 책이 그런 취급을 받게 하고 싶지는 않다.

숫자는 내 터전을 넓히는 요소이기도 하다. 회사가 나를 믿게 하기 위해서는 '매출'로 보여주어야 한다. 직접 기획해 출간되는 책들이 평타 이상 쳐주어야 이후에 '사이즈는 작지만 의미 있는 책'을 들이밀 기회도 생긴다. 당시 상사가 내게 모질게 조언한 '돈부터 벌어와라'는 말은 이 뜻이 아니었나 싶다. 좋은 영향을 끼치는 책을 만들고 싶다는 나의 바람과, 팔리는 책을 기획하라던 상사의 요구는 사실 같은 길을 가기 위한 다른 해석이었던 것이다. 아마도 그는 내게 그 균형감을 심어주려 했던 게 아닐까.

언젠가 또 다른 상사가 기획에 대해 조언해준 적이 있다. 자신의 선배가 본인이 신입일 때 해주었던 말이라고 한다. 힘을 잔뜩 준 기획안을 들고 간 그에게 선배는 "기획할 때 자위自慰하지 말라"고, "자기만족에 그치려면 일기장에나 쓰라"고 했다고 한다. 당시에 내가 만들었던 기획이 그와 같았을 것이다. 그저 노골적으로 말해주는 상사를 만났으니 새삼 얼마나 다행이었는지 모른다.

새로운 시대의 편집자는 어떤 자세를 취해야 할까. 돈은 못 벌지만 의미를 찾는 편집자와, 독자가 원하는 책을 찾아내는 편집자 사이, 그 어딘가에 답이 있지 않을까.

아이디어를 책으로 만드는 방법

편집자의 가장 중요한 자질은 '기획'이다. 기획에 타고 났다고 소문 난 동료들은 종종 스카우트 제의를 받기도 한다. 편집부 외에 기획팀을 따로 신설하는 회사도 있다. 기획과 편집을 분리시켜 시대의 흐름에 맞는 감각적인 기획을 스피디하게 따라잡기 위해서다.

기획이 중요한 이유는 출판의 첫 단추이기 때문이다. 이 단추를 잘 꿰어야 원고 수급부터 출간, 회사 연매출까지 가늠된다. 한 사람이 1년에 5, 6종 출간한다면 그보다 적어도 두 배 정도는 원고가 쌓여 있어야 출간에 차질이 생기지 않으면서 6개월, 1년 뒤 일정 계획도 세울 수 있다. 그러니 기획이 부족한 회사는 미래가 보장되지 않는 상황에 처한다.

기획은 그 중요성에 비해 이렇다 할 노하우가 없다. 아마도 처음 입사하면 "기획안 작성해봐"라며 바로 실전에 투입시키는 회사가 대부분일 것이다. 샘플 기획안이라도 준다면 그나마 다행이다. 나는 제법 큰 회사에서 기획을 배우기 시작했음에도 처음에 샘플 기획안 외에는 그 어떤 조언도 받지 못했다.

그도 그럴 것이, 기획은 특정 가이드라인을 세우기가 어렵다. 편집자마다, 분야마다 기획 접근 방식이 다르기 때문이다. 자기계발·경제경영 등 스피드가 생명인 분야에서는 경향 분석부터 기획, 집필, 편집, 출간까지 진행이 불과 서너 달 안에 이루어지기도 한다. 반면에 인문·역사 등 정확한 고증과 타 도서와의 차별점이 주가 되는 분야는 스피드보다는 저자의 권위, 내용의 차별성 등이 더 중요하다. 더디더라도 제대로 된 번역과 고증을 거친 후 출간하려 노력한다. 또 에세이나 만화, 실용 분야에서는 저자의 팬 충성도가 책 출간 여부를 결정하는 큰 요소로 작용한다.

편집자 성향에 따라 기획 스타일도 다르다. 자신의 생애 주기나 관심사를 바탕으로 기획하는 편집자도 있고, 권위 있는 저자의 차기작을 확보하는 데 주력하기도 한다. 3.1운동 100주년이나 한반도 분단 75주년, 특정 시사 드라마의 흥행이나 역사를 소재로 한 영화 개봉 시기 등 사회적 이벤트를 대비해 기획하는 데 능한 편집자도 많다. 트렌드를 따르기도 한다. 얼마 전까지 캐릭터를 활용한 에세이가 주를 이루었고, 요즘에는 인스타그램이나 유튜브 등 SNS 스타 책이 대세다.

사정이 이렇다 보니 선배 편집자에게 기획 노하우를 물어도 별로 뾰족한 대답을 들을 수 없을 것이다. "그냥 막 하는 거지, 뭐" 정도로 답변하려나. 그러니 부딪쳐보는 수밖에 없다.

관심사에서 시작하면 기획까지 이루어질 확률이 높다. 다만 그 관심사가 대중의 관심과 걸맞아야 출간 가능하다. 성향이 마이너해서 걱정이라면 최대한 베스트셀러를 많이 참고한다. 베스트셀러는 대중의 바로미터다. 이를 통해 타인의 취향을 살피는 것도 관심사를 넓히는 좋은 방법이다. 교보문고·예스24·알라딘·인터파크 독자별로 베스트셀러 성향이 다르니 각각 참고하는 편이 좋다. 교보문고는 오프라인 독자의 성향을 알 수 있고, 예스24는 에세이나 실용 등 상대적으로 가벼운 책 반응이 좋은 편이다. 알라딘은 인문 독자, 마니아 독자 성향이 강하다. 인터파크는 자녀교육서·아동서 등 중년 여성이 구매하는 책 판매가 상대적으로 높다. 아침마다 일일 베스트를 둘러보기가 버겁다면 일주일에 한 번 주간 베스트라도 살핀다.

종종 출판계 내에서도 베스트셀러를 혐오하는 이를

만난다. 한번은 모 번역가로부터 "나는 '요즘 책'을 안 읽어요"라는 말을 듣고 놀랐다. 그분은 한 달에 한두 번씩 책 추천 칼럼을 쓰기도 했다. 그 모든 추천 책은 당신이 과거에 읽은 것들이라고 했다. 물론 고전은 언제 읽어도 새롭다. 오래 읽힌 책들을 많이 접하고 그 이유를 분석하는 것도 필요하다. 그러나 세상이 바뀌고 시간의 흐름에 따라 선호하는 책도 변화하게 마련이다. 요즘 들어 고전을 오늘날 시선으로 재해석하는 책들이 꾸준히 출간되는데, 편견에 함몰된다면 이런 관점을 따라갈 수 없다. 번역가라면 좋은 책을 선별해 출판사에 추천할 텐데, 그가 제안하는 책들은 얼마나 고리타분할지 알 만하다.

편집자도 마찬가지다. "나는 베스트셀러는 안 읽어", "나는 자기계발서 읽는 사람이 이해가 안 가더라" 같은 문장을 내뱉는 편집자는 괜찮은 기획을 만들기 어렵다. 타인의 욕망을 읽고 싶지 않다는 고백이기 때문이다. 편견에 사로잡히지 않아야 좋은 기획자다.

처음 기획안을 들고 가면 "아이디어와 기획은 달라"라는 말을 들을지도 모른다. 아이디어와 기획의 기준은 '현실성'이다. 책이라는 물성으로 이루어지기 어렵다면 아이디어고, 어떻게 꾸밀지 구체적으로 상상할 수 있으면 기획이다. 기획안을 한 장 이상 채워보라는 이유가 여기에 있다. 구체화시키라는 주문이다.

내 경우에는 차례에 신경을 쓰는 편이다. 차례를 구성하면서 '이렇게 짜면 틀이 탄탄해지겠다'는 확신이 들면 기획안을 끝까지 채울 수 있다. 반면에 아무리 차례를 화려하게 꾸며도 이른바 '각이 나오지 않는다'면 그 기획은 과감히 버린다.

다음으로 많이 듣는 코멘트는 "어디서 본 기획 같다", "유사 도서가 너무 많다"일 것이다. 생각과 욕망은 엇비슷해서 내가 생각한 아이디어는 남도, 어쩌면 나보다 먼저 실행 중일 확률이 높다. 하지만 '하늘 아래 새로운 건 없다'는 만고의 진리를 떠올리면 '어디서 본 것 같다'는 이유로 기획을 접을 필요가 있을까. 다만 늦은 만큼 콘셉트를 구체화시키고 재설정하는 과정은 필요하다.

18년차 콘셉트 디렉터 김동욱은 자신의 책《결국, 컨셉》에서 관점을 변화시키는 방법을 다각도로 설명한다. 그중에서 야구를 예시로 든 내용이 인상적이었다.

야구에서는 큰 점수 차이로 지는 경기를 반전시키기 위해 '추격조'를 따로 구성한다. 추격조에 속한 투수를 투입해 역전의 발판을 마련한다. 추격조는 과거에 '패전처리조'로 불리었다. 관중조차 패전처리조를 진 경기를 마무리하는 조로 받아들였고, 이 조에 속한 투수들은 선수 인생의 치욕으로 여겼다. '패전을 처리하는 조'를 '바짝 추격해서 승리를 이끄는 조'라고 의미를 전환시키는 순간 관중도 선수 본인도 마음가짐이 달라졌다. 기획에도 이런 관점의 변화가 필요하다. '러시아 혁명사'를 '혁명의 러시아'라고 뒤집기만 해도 독자는 '다르다'고 느낀다. 다른 책의 아류가 아닌 새롭게 느껴지도록 기획하려면 자꾸만 관점을 전복시켜보는 수밖에 없다.

마지막으로, 기획이 자꾸 반려된다고 '나는 기획자 성향은 아닌가 보다'라고 생각할 필요는 없다. 같은 기획이라도 회사 성향에 따라 통과 및 반려 여부가 다르다. 게다가 신입이라면 아직 본인이 무엇을 원하는지 알기 어렵다. 기획은 편집자의 개성이 새겨지는 업무다. 이는 다시 말해 내 개성을 찾기 위해 수많은 시행착오를 거쳐야 한다는 의미다. 수많은 옷을 입어보아야 결국 자신에게 맞는 스타일을 발견할 수 있다. 아이디어를 자꾸만 뒤집어보고 헤쳐 모아, 뭉툭했던 콘셉트를 그럴듯한 기획으로 구체화시키는 전 과정이 내 스타일을 찾는 여정이다.

슬럼프가 찾아왔을 때

사회생활을 시작한 이후부터 지금까지 공백기가 거의 없었다. 회사를 몇 차례 옮겼으나, 대부분 다음 단계를 확정한 후에 이동을 결정했다. 자영업에 종사하는 부모 밑에서 '쉬는 날은 손해 보는 날'이라는 말을 귀에 못이 박이도록 듣고 자랐다. 20대 초반부터 일을 시작한 내 부모는 40여 년 동안 하루에 열두 시간씩 일했고 지금도 일하고 계신다. 일이 없고 돈을 벌지 못하면 뒤처진다는 그들의 불안을 은연중에 공유했다. 덕분에 한 회사에서 다른 회사로 이동하는 두어 달의 짧은 공백기에도 마음 놓고 쉬지 못하고 집 근처 도서관을 들락거리며 무언가를 습득했던 것 같다. 쉬는 게 죄 짓는 같아서 자꾸만 더 열심히 일거리를 찾아 헤맸다.

이런 생활이 지속되면서 나도 모르게 소진되지 않았나 싶다. 사회생활을 시작한 지 10년쯤 되었을 때 슬럼프가 찾아왔다. 아버지의 갑작스러운 사고가 계기였다. 당신은 누군가가 믿고 일을 맡기면 지나치게 열심히 했다. 9시 출근이면 7시에 도착해 있는 미련스러운 사람이었다. 그 미련스러움이 아버지를 죽게 만들었다. 유언도, 짧은 눈맞춤도 없는 갑작스러운 이별에 나는 어찌할 바를 몰랐다. 일밖에 몰랐고, 일하다 돌아가셨으니 당신은 기뻐했을까. 분명 아니었을 것이다. 거기까지 생각이 미치면 삶이란 무엇일까, 나는 앞으로 어떻게 일해야 할까 등 답하기 어려운 질문이 떠오르면서 아득해졌다.

답할 수 없는 질문으로 가득해질 때 남들은 어떻게 대처하는지 잘 모르겠다. 나는 오히려 그 질문을 유보하고 일에 매달렸다. 더 많은 사람을 만났고, 그들과의 이야기를 기획으로 발전시켰고, 빠듯한 일정에 맞추어 계속 책을 출간했다. 바쁘면 생각할 시간이 줄어드니까, 매달릴 무언가가 필요했던 것 같다. 아니면 아빠의 방식을 그대로 답습했을지도 모르고.

그렇게 나는 멋진 커리어우먼이 되었다, 라는 해피엔딩은 안타깝게도 일어나지 않았다. 당시에 노력은 보상받지 못했다. 회사에서는 과정보다 결과가 중요하다. 노력은 가상했으나 그것들이 결과로 이어지지 못했고, 나는 자꾸만 억울해졌다. 누구에게 화가 나는지 모르겠지만 화내고 싶어졌다. 내게 슬럼프는 그렇게 찾아왔다. 보상 없는 노력은 생각을 극단으로 몰아넣었다.

'이 회사는 나를 필요로 하지 않는구나.'

퇴사를 결심하고 상사에게 면담 신청을 했다. 나의 노력이 성과로 이어지지 못하는 이유는 내 존재가 회사에 맞지 않기 때문이 아니냐고 반문했다. 가만히 할 말을 고르던 상사는 '누군가는 너의 과정을 지켜보고 있다'고 말해주었다. 그 말에 마음속 화가 조금 누그러졌다. 나도 나를 못 믿는 상황임에도, 이런 나라도 믿어주는 누군가가 있었다. 슬럼프 앞에서 퇴사를 보류했던 건 내 고민을 열심히 들어주고 '너는 잘하고 있다'고 응원해주는 동료와 상사의 격려 덕분이었다.

돌아보면 슬럼프는 나를 몰아붙이면서 얻은 결과였다. 자기 분야에서 현역으로 30년 이상 일한 이들을 인터뷰한 《자기 인생의 철학자들》에는 마음이 평화로운 한 노인의 일화가 나온다. '어떻게 마음이 그렇게 평화로울 수 있느냐'는 물음에 노인은 "우주의 중심은 오직 하나밖에 없고 그 중심이 나는 아니라는 것을 알았기 때문"이라고 대답했다고 한다. 어째서 나는 내 노력이 보상받아야 한다고 여겼을까. 삶을 내 중심으로 보았기 때문이 아니었을까.

왜 성실히 일하는 사람이 죽고, 어째서 노력이 보상받지 못하는지에 집중하다 보니 열심히 살아야 하는 이유를 잃었다. 덕분에 '해도 안 되는데, 뭐'라는 자포자기와 '어차피 인간은 죽는다'라는 염세주의에 빠질 수밖에 없었던 것 같다.

'회사가 나를 먹여살려주지 않는다'고 한다. 그러나 우리는 회사가 주는 고통을 말하면서도 정작 '앞으로 어떻게 일하고 먹고살아야 할까'라고 스스로에게 질문하지 않는다. 많은 이가 '지금의 선택이 정답은 아닌 것 같다'고 생각하지만, 할 수 있는 게 없으니 결정을 유보한다. 월급으로 빚을 갚고 생활비로 충당하며 하루하루 쳇바퀴 돌듯이 살아간다. 가끔 답답할 때는 비행기 표를 끊고 해외 어디로 며칠간 도피하듯 여행을 떠난다. 이런 생활이 몇 년간 지속되다가 나처럼 예상치 못한 특정한 사건을 만나면 멈칫한다. 인생이란 무엇일까, 어떻게 살아야 하나, 나 지금 괜찮게 살고 있는가 등. 수많은 철학적 질문들이 머릿속을 가득 채운다. 수없이 떠오르는 이런 질문들에 그 어떤 답도 할 수 없을 때 무력감이 찾아오는 게 아닌가 싶다.

슬럼프는 정도와 시기의 차이일 뿐 누구에게나 닥친다. 요즘처럼 빨리 성과를 보여주어야 하고 남들 앞에서 끊임없이 자신을 포장해야 하는 시대에는 더 빈발할 듯하다. 그럴 때 너무 세상의 속도에 자신을 맞추지 않았으면 좋겠다. 슬럼프로 힘들어하던 내게 회사 동료가 마법의 문장 하나를 알려주었다. 그 한 문장을 마치 주문처럼 중 얼거린다.

'이거 못 한다고 설마 나를 죽이기야 하겠어?'

다 포기하고 제 맘대로 살라는 게 아니라, 하는 만큼 해보고 안 되면 그건 내가 어찌할 수 없다고 생각하라는 의미다. 이 정도 노력했으면 되었지, 나니까 이 정도라도 했지, 라는 믿음으로 무장해도 괜찮다. '내가 앞장서서 스 스로를 궁지에 몰아넣지 않겠다'는 다짐, '이 정도 했으면 되었다'는 마음이 중심에 서니 그때부터는 조금씩 무력감 이라는 늪에서 빠져나올 수 있었다.

나는 아직도 아버지가 남겨준 인생의 질문들에 대한 답을 찾지는 못했다. 다만 한 가지 깨달은 점이 있다면, 내 가 나한테 너무 못되게 굴었다는 반성이다. 나를 비롯해 우리는 너무 스스로에게 야박하게 구는 것 같다. 나만큼 은 내 편이 되어주어야지, 내가 앞서서 나를 채찍질하면 어쩌나. 진정 자신에게 관대해질 수는 없는 것일까. 적어 도 스스로에게 도망갈 구멍 하나쯤은 남겨주는 사람이 되 었으면 한다.

자신만의 무기를 계발한다

첫 회사에 같은 날 입사한 선배가 있었다. 3년차 선배였던 그는 처음으로 생긴 후배가 어여뻤던 것 같다. 편집부 내에 편집장, 그 선배, 나까지 셋밖에 없어서 정 붙일 사람도 마땅치 않은 데다가 입사 동기라는 이유로 나를 살뜰히 챙겼다. 두 달이라는 짧은 기간이었지만 선배가 첫 책을 마감할 때 인쇄소를 따라가기도 하고, 소설책을 선물받기도 했다. '신문사 기자가 알려주는 보도자료 쓰는 법' 같은 일일강좌를 함께 수강했던 기억도 난다. 선배는 자신이 아는 지식을 최대한 전해주려 노력했다. 나를 하루아침에 쫓아낸 편집장에게 "사수 한 번 붙여준 적도 없고, 신입에게 1년차 이상의 역할을 바라놓고 이렇게 쫓아내는 것은 비합리적"이라고 대신 목소리를 높여주었다는 말도 건너 들었다. 그에게 물심양면 도움받았다. 고마운 기억이다.

어느 날 그는 새로운 강좌를 수강한다며 조금 일찍 회사를 나섰다. 무슨 수업인지 물었더니 제작 관련 강의라는 짧은 대답이 돌아왔다. 제작이라고? 당시 한겨레문화센터 편집자 강의에서 어깨 너머 들었던 제작이라는 세계는 내겐 너무 낯설었다. 온갖 낯선 제책·인쇄용어에다가 원가 계산서 작성부터 종이 계산법까지 온갖 숫자가 나올 때는 눈이 핑핑 돌아갔고, 종이의 규격 계산하는 부분에서는 '이런 것까지 알아야 하나?' 생각하며 대충 넘겼던 기억이 난다. 선배는 평소와 다름없이 "한번 같이 들어볼래요?"라고 권유했다. 당황하며 동공이 흔들리는 나를 보고 두 번 묻지는 않았지만.

'편집자는 제작 프로세스 정도만 알면 되지 않나?', '편집이나 기획만 잘하면 되지 왜 그런 것까지?'라는 생각이 들지도 모르겠다. 나도 그랬으니까. 그 어려운 수업을 왜 듣느냐는 내 물음에 선배는 "배워놓으면 이직할 때 도움이 많이 돼요"라고 대답했다. 선배는 문학 편집자였다. 문학은 상대적으로 기획력보다는 저자 풀을 자본으로 삼는 분야다. 저자 파워가 증명된 상태라면 '○○○ 작가의 에세이'라는 가제 하나만으로도 흔쾌히 계약이 이루어진다. 특히 국내소설이라면 작가에게 "○○를 주제로 책을 써주세요"라는 권유가 어색한 분야이고, "다음 작품은 저희와 함께하시죠" 정도로 계약이 성사된다. 글도 텍스트 위주에다가 부속이 드물고 문학적 허용이 자유로운 분야이므로 편집 측면에서 차별화를 두기도 쉽지 않다. 상대적으로 편집자의 기획력이 관여되기 어려운 분야다.

선배가 편집자로서 고심한 끝에 다다른 차별화 지점은 '제작'이었다. 꽤 영리한 작전이다. '편집을 잘한다'는 기준은 사람마다 다르고, 제2외국어는 웬만한 문학 편집자라면 다들 노력하고 있을 테니 '제작'이라는 블루오션을 공략하겠다는 전략이다.

앞서 기획의 중요성을 강조했지만, 기획이 편집자의 필수 덕목은 아니다. 흔히 편집자는 작가와 독자 중간에 위치한다고 이야기하는데, 그 사이에 스펙트럼은 광범위하다. 프리랜서 편집자라면 기획보다는 편집이나 교정교열 능력 쪽이 좀더 중요할 것이다. 회사에 적을 두었다면, 해당 회사가 편집자에게 무엇을 요구하느냐에 따라 주 역할이 달라진다.

《편집의 발명》이라는 책에서는 편집자를 역할에 따라 '기획자-원고 입수 편집자-라인 편집자-카피 편집자' 등으로 나눈다.

카피 편집자Copy Editor는 교정교열을 주로 진행하는 편집자로, 오늘날 외주교정자·신입 편집자가 주로 담당한다. 라인 편집자Line Editor는 작가와 접촉을 유지하며 완

작가 • 기획자 — 원고 입수 편집자 — 라인 편집자 — 카피 편집자 — 소비자 • 독자

성된 원고를 일일이 점검한다. 원고 입수 편집자Acuisitions Editor는 작가와의 계약 및 확정원고 입수까지 관리하는 편집자다. 한 편집자가 하나의 역할에 고정된다기보다는 원고에 따라, 저자에 따라, 상황에 따라 역할이 유동적이다. 표 오른쪽으로 갈수록 독자와, 왼쪽으로 갈수록 작가와 가까워진다.

편집자에게 기획이 중요한 이유는 표 왼쪽에 가까워질수록 대체 불가능해지기 때문이다. 그러나 모든 사람이 기획자가 될 필요는 없다. 한 출판사 편집부 안에 원고 입수 편집자와 카피 편집자가 공존하기도 한다. 실제로 회사에는 기획 능력이 첫째 덕목인 회사도 있고, 편집을 중시하는 회사도 존재하며, 사장 등 이사진이 기획을 담당하고 이를 책으로 잘 구현해내는 것을 편집자의 첫째 능력으로 꼽는 출판사도 있다. 또한 편집자가 제2외국어를 갈고 닦아 에이전시 업무를 겸하거나 제작을 진행하기도 한다. 심지어 간단한 조판이나 본문 편집 등을 요구하거나 출간 이후 마케팅에 편집자가 힘을 쏟기를 바라는 경우도 많다. 각자가 나름의 영역을 구축한다면 그 자리에서 대체 불가능한 존재가 된다. 본인은 기획자 성향이 아니라고 결론 내렸다면 다른 능력을 계발하는 것도 하나의 방법이다.

제작 등의 영역은 사실 규모가 큰 회사에서는 능력을 발휘할 기회가 드물다. 내 경우에는 지금까지 다닌 회사 가운데 편집자가 제작을 진행하는 경우는 한 번도 없었다. 디자인 부서, 영업 부서에서 제작을 겸하거나 제작팀이 따로 존재했다. 그러나 능력 밖이라 기회가 오지 않았을 뿐, 제작을 따로 공부했다면 이 부분을 내 강점으로 삼았을지도 모른다. 참고로 앞서 소개한 선배는 이직한 출판사 편집부에서 제작을 전담하고 있다.

부서마다 경계를 분명하게 나눌 정도로 규모가 큰 회사가 드물다는 점도 출판업계의 난점이다. 어떤 회사든 '멀티 플레이어' 편집자를 원하고, 회사에 적을 두기로 한 이상 이 요구에 어느 정도 맞추어야 하는 것이 현실이다. 신입조차 같은 조건이면 제2외국어에 능숙한지, SBI 출신인지 등 부수적인 조건이 선발 여부를 결정한다. 경력 편집자도 다르지 않다. 어떤 편집자가 될 것인지 자신만의 포지셔닝을 그려본 다음에 제작이든 기획이든 편집이든, 그에 따른 전략을 개발하는 자세가 필요하다.

죽어라 일해도 시간이 부족한 이유

편집자는 판단하는 직업이다. 이 텍스트가 책이 될 수 있을지, 해당 인물이 저자로 발전할 가능성이 보이는지, 외서라면 오퍼를 포기할지 진행할지, 오퍼한다면 금액 마지노선은 얼마까지인지, 이 신간을 회사 전략으로 밀 만한지, 전략이라면 1년에 몇 부를 예상하는지 등 편집자의 판단에 따라 출간 여부와 판매 전략이 세워진다. 판단할 일이 많을수록 잘못된 결정을 내릴 확률, 옥석을 놓칠 확률도 높아진다. 그렇다고 판단을 미룬다면 밀려드는 일에 치여 무능력자로 낙인찍힐지도 모른다.

　문제는 편집자의 삶은 하루에만 수십 가지 판단이 오간다는 점이다. 받은메일함에는 매일같이 각종 에이전시에서 보내준 외서 소개자료가 수십 건씩 쌓인다. 회사 계정 메일함에는 일반인의 투고 원고가 한 달에만 100여 건 접수된다. 한 사람에게 접수 메일 한 통, 반려 메일 한 통씩만 보내도 한 달 200통이다. 이와 별도로 윗선에서 넘겨주는 각종 원고의 검토서를 작성하기도 하고, 직접 계약한 저자들의 샘플 원고 또는 초벌 원고를 검토 후 수정 여부를 판단하는 일도 수시로 진행된다. 이에 더해 현재 편집 중인 원고까지 나의 자잘한 결정을 기다리고 있다. 사이사이에 새 기획도 구상한다.

사정이 이렇다 보니 일에 치여 질식하지 않으려면 우선순위를 정해야 한다. 내 경우에는 하루·일주일·보름·월 단위로 해결할 일을 구분하고, 이를 위해 수시로 메모한다. 매일 아침 자리에 앉아 포스트잇에 '오늘 할 일'을 정리해놓는다. 퇴근 전에 해당 포스트잇을 버리는 게 목표다. 금요일 퇴근 전에는 포스트잇에 다음 주 할 일을 적어서 책상 앞에 붙여놓고 자리를 나선다. 일을 하나 처리할 때마다 빨강 선을 그어 메모하고, 금요일쯤에는 그 포스트잇을 구겨 버린다. 휴지통에 포스트잇을 버릴 때 쾌감을 느낀다.

다이어리도 활용하는 편이다. 다이어리는 매일 쓰는 업무일지용과 저자와의 미팅용으로 나누어놓았다. 신입 때는 업무용과 미팅용 구분 없이 하나의 다이어리를 사용했는데, 관리 저자가 늘어나고 각종 연락이 수시로 이루어지면서 하나둘 놓치는 부분이 생겨났다. 나중에는 "선생님, 오랜만에 전화 드려요. 원고 언제쯤 마무리될까요?"라고 물었다가 "지난번 통화할 때 다음 달 말까지 드리기로 했는데…"라는 말을 듣기도 했다. 본인에게 너무 관심 없는 것 아니냐고 눙치는 저자에게 해명하느라 땀을 뻘뻘흘렸다. 이날 이후 저자와의 미팅용 다이어리를 따로 작성하기 시작했다.

각종 회의에 참석할 때는 태블릿 PC를 지참한다. 연차가 쌓일수록 참석해야 하는 각종 회의가 기하급수로 늘어났다. 건마다 자료를 따로 프린트했더니 이면지가 감당이 안 되었다. 종이를 쓰고 버릴 때마다 죄책감을 심하게느끼는 타입인 데다가, 공동 프린터기에서 자료 뽑느라 대기하는 시간, 프린트물 철하는 시간 등이 아깝다. 프린터기에 용지라도 걸리면 종이를 제거하고 업체에 전화하느라 일의 흐름이 깨지는 경우도 다반사다. 이런 스트레스가최근에 태블릿 PC를 활용하면서 확연히 줄어들었다. 회의 준비가 간소화되었으며, 이전 회의 때 쓴 메모장을 복기하기도 편하고, 무엇보다 이면지의 늪에서 헤어 나와서 기쁘다. 어떤 이들은 태블릿 PC로 교정 보고 바로 디자이너에게 넘겨 업무 효율을 높이기도 한다. 나는 회의 효율성을 높이는 정도에서 만족하고 있다.

업무를 처리하는 날을 지정하는 방법도 활용할 만

하다. 내 경우에는 아마존 외서 서치 및 판권 문의는 월요일 오전, 인터넷 서점 베스트셀러 점검은 화요일 오전에 진행한다. 에이전시에서 보내주는 외서 소개 자료는 금요일 오후, 즉 졸음이 쏟아지면서 집중력이 흐트러졌을 때 몰아서 살핀다. 에이전시 레터에도 좋은 책이 많이 소개되지만, 불특정 다수에게 보내는 메일이다 보니 회사 성향과 맞지 않은 자료가 많다. 이 때문에 '시간을 할애해 깊이 있게 다룰 업무'라기보다는 '빠른 시간 내에 정리하는 업무'로 분류한다. 투고 원고 역시 마찬가지다. 투고 원고 접수 및 검토는 1일과 15일에만 처리한다. 1일에 접수 메일을 보낸 원고는 15일에 검토해 반려 메일을 보낸다. 15일에 접수한 원고는 다음 달 1일에 반려 메일을 보낸다. 한 달에 최고 200통까지 투고 메일을 받으면서 정한 나름의 규칙이다. 덕분에 투고 원고 건마다 최대 3분밖에 할애하지 못하지만, 내 에너지가 한정적이니 방법이 없다.

좀 더 면밀한 검토가 필요한 원고, 예컨대 계약한 저자의 초벌 원고는 최소 2, 3주 검토 기간이 필요하다고 사전에 말씀드리고, 여유가 생길 때마다 수시로 살핀다. 저자에게 무작정 기다리지 않게 '검토에 필요한 최소 기간'에 대해 설명드리면 대부분은 이해해주신다. 이때는 자잘한 교정교열보다는 큰 틀에서 살핀다. 원고가 기획 방향과 맞는지, 부분 수정이 필요한 부분, 대대적인 개고가 필요한 꼭지 등을 구분한다. 출간 일정 및 저자의 사정에 따라 최소 한 달에서 최대 6개월 정도 개고 기간을 드린다.

기획은 속도가 생명이기에 수시로 진행한다. 눈에 띄는 저자나 콘텐츠가 있으면 우선 수화기를 들어야 한다. 내 경우에는 내부 기획회의 날짜를 크게 신경 쓰지 않는 편이다. 저자와 기획에 대해 사전 논의를 미리 마치는 경우가 대부분이기 때문이다. 이 때문에 다른 이들보다 기획안 구성이나 현실성 등에서 좀더 구체성을 띤다. 다만 이 방법의 단점은, 회사에서 통과되지 않았을 때 저자에게 몸 둘 바를 모르게 된다는 것이다. 회사와 논의 후에 기획안을 작성할지, 아니면 저자를 먼저 확보한 뒤에 그에 맞는 기획안을 만들지는 개인 및 회사의 사정에 따라 방법이 달라질 것이다.

앞서 언급한 시간 활용 방법들은 내가 직접 부딪쳐가며 만들어낸 루틴이라 다른 이에게는 맞지 않을지도 모른다. 다만 중요한 포인트는 업무를 효율적으로 재정비하는 과정은 불필요한 시간을 정리하고 여유를 확보하기 위함이라는 점이다. 가장 후회스러운 결정은 가장 바쁠 때 온다.

창업하는 사람의 조건과 자세를 이야기하는《창업가의 일》에서는 '기억해야 할 열 가지 창업가의 일'이 언급된다. 열 가지 가운데 "여유를 가져라, 잘못된 결정은 항상 가장 바쁠 때 나온다"라는 내용이 있다. 바쁘고 복잡하고 수십 가지 일이 밀려든다고 해서 대충 결정한다면 결국 큰 손해로 이어진다. 이를 위해 창업가는 정신을 맑고 명확한 상태로 유지하려 노력해야 된다고 말한다. 자신의 돈으로 수십 명의 일자리를 책임지고 수만 가지 결정을 내는 창업자조차 머릿속이 복잡하면 실수한다는데, 편집자라고 다르겠는가.

매일 작은 성공을 이루며
신인新人이 된다

직장인들끼리 만나면 자연스레 회사의 온갖 단점을 털어 놓는다. 이기적인 동료와 성과를 뺏는 상사, 무능과 낡은 시스템으로 무장한 회사 등. 나쁜 회사는 다 비슷하게 나빠서 꼭 자기네들끼리 직원 괴롭히는 법을 공유하는 것 같다. 사정이 이렇다 보니 두 명 이상 모이면 자연스럽게 '퇴사'와 '이직' 이야기가 나온다.

요즘 들어 주변에 이직을 고민하는 동료들이 늘었다. 이사나 출산, 전직 등 개인 사유인 경우도 있지만, 상사나 동료와의 불화, 슬럼프와 번아웃 등 회사에 대한 불만으로 지쳐 퇴사와 이직을 고민하는 경우도 빈번하다.

후배와 동료들이 종종 묻는다. "나 이직해야 될 것 같지?" 그럴 때마다 대답해준다. "나라면 지금 당장 사표 쓴다!” 나 역시 마음이 힘들고 일이 뜻대로 풀리지 않을 때마다 주변 사람들을 붙잡고 질문한다. “이 정도면 내가 나가는 게 맞는 것 같지?” 이 질문을 들은 이는 백이면 백, ‘지금 당장 이직하라’고 대답한다. 이 질문들이 기본적으로 ‘위로’를 바라는 하소연임을 알기에 나오는 대답일 테다.

정작 이직해야 할 시기에 어영부영하다가 시기를 놓치는 경우도 종종 목격한다. 이런 이들에게는 아무리 이직을 권해도 “난 실력이 부족해서 못 옮겨”, “베스트셀러 기획자가 아니라서 아무도 날 안 받아줄걸”, “나는 제2외국어를 못해서 안 돼” 등 그럴듯한 핑계만 들을 뿐이다. 지금까지 쌓지 못한 실력을 내년 후년이 온다고 쌓을 리 만무하지만, 이 역시 본인이 원하는 답이 있기에 더는 강요하지 않는다. 결국 이직할 사람은 하고, 안 할 사람은 안 한다.

관리자 위치에 설 때까지 한 회사를 오래 다니는 이들도 있지만 대부분이 3년마다 짐을 싼다. 한 통계조사에 따르면 이사 스트레스가 전쟁 피난과 맞먹는다고 한다. 이직도 이사의 일종이라고 생각한다면 3년에 한 번 옮긴다는 게 얼마나 큰 스트레스를 줄지 알 만하다. 새로 옮기는 직장이 지금 직장보다 낫다는 보장도 없다. 일단 부딪쳐보는 수밖에. 이렇다 보니 수시로 이직을 고민하는 이도, 보류하는 이도 모두 이해가 간다.

그럼에도 안타깝다. 누구는 열정 넘칠 시기에 사직서를 가슴에 품고 회사 밖을 서성이고, 누구는 조금만 더 있으면 주저앉을 판인데 결정을 유보한다. 제3자 입장에서 보면 무엇이 옳은 선택인지 선명한데 정작 본인들에게는 보이지 않는가 보다.

잦은 이직으로 소모되든, 견디고 견디다가 속이 터지든 결국은 본인만 손해다. 이직에도 방법이 있다. 우선 이직 시기를 정해야 된다. 이 기준은 자신의 경제사정과 입장, 위치 등에 따라 제각각일 것이다. 나는 다행히 당장 회사를 그만두어도 먹고살 정도의 비상금은 따로 모아놓기에 이직 시 경제사정은 크게 고려하지 않았다. 그보다는 아무리 노력해도 회사와 그 어떤 긍정적인 이득을 주고받을 수 없을 때 이직을 결심했다. '여기서 배울 만한 것은 다 배웠다, 할 수 있을 만큼 다했다'는 생각이 들면 그때부터 구인구직 사이트를 들락거렸다.

이직에는 이력서와 자기소개서를 업데이트하는 실질적인 준비도 필요하다. 신입 시절에 쓰던 자기소개서는 신입 때만 유효하다. 어린 시절에 어떻게 자랐고, 성격이 어떻고, 왜 편집자가 되고 싶고, 교우관계와 학교 성적이 얼마나 우수했는지 등은 중요치 않다. 그보다는 직무 적합성과 역량을 보여주어야 한다. 지금까지 어떤 책을 만들어왔고, 앞으로 어떤 책을 기획하고 싶은지, 당신네 회사의 어떤 점에 매력을 느꼈고 왜 그곳에 지원하는지(당신들이 왜 나를 뽑아야 하는지)가 개인사보다 중요하다.

자기소개서만큼은 틈틈이 작성하는 편이 좋다. 막상 자기소개서를 쓰려면 막막하다. 호감 있던 회사의 모집 공고가 났는데 자기소개서 쓸 시간이 없어서, 무엇을 채워야 할지 몰라서 지원도 못 하거나 미흡하게 제출한다면 얼마나 안타까울까. 글은 고칠수록 좋아진다. 자기소개서도 오늘 쓰고 내일 다시 보면 더 나아지는 게 당연하다.

내 경우에는 이직을 준비하지 않아도 이력서와 자기소개서를 1년마다 업데이트해놓는다. 오늘날 내 위치와 상황을 정리하는 차원이다. 1년에 한 번 정도 반성의 시간(?)을 가지면 부족한 점이 눈에 띈다. '새해에는 이 부분을 채워 넣어야지'라는 생각이 들면 성공이다. 꾸준히 업데이트해놓다 보니 이력서가 점점 화려해진다는 단점은 있다. 덕분에 일단 한번 지원하면 대부분 면접 전화는 받는다. 한번은 면접 자리에서 "잠 잘 시간이 없을 것 같은데 하루에 몇 시간 주무세요?"라는 사적인 질문을 받은 적도 있다. 비꼬는 것이 아니라 정말 의아해서 묻는 듯했다. 분명 칭찬이었으리라고 마음대로 생각하고 있다.

그도 그럴 것이 내 이력서에는 1년마다 새로운 시도를 한 흔적이 있다. 제2외국어 능력시험을 공부하든, 직무 역량강화 강의를 수료하든, 포토샵을 배우든, 작은 것 하나라도 경험을 계속 늘려 나갔다. 딱히 '이력서에 활용해야지'라고 생각했던 것은 아니었지만 새로운 경험은 언제나 성장에 도움이 되었다.

이렇게까지 하는 이유는 이직 자체가 아닌 스스로를 위해서다. 나는 계속 성장하는 사람이고 싶다. 어디를 가든 내가 차린 회사가 아닌 이상 한계는 분명하다. 아니, 회사 대표여도 마음대로 할 수 없는 지점이 있다. 대표도 이럴진대 직원에게 회사가 월급에 상응하는 대가를 바라는 게 마땅한 이치 아니겠는가. 하지만 '돈 준 만큼 일해주겠다'는 수동적이고 얄팍한 사람은 되고 싶지 않다. 회사와 함께 나도 성장하고 싶다. 그렇다면 주어진 여건 안에서 최선을 다하는 것 외에는 방법이 없다. 내게 최선은 꾸준히 새로운 무언가를 배우고 업무에 적용하는 것이었다.

성장의 조건은 '지속'에서 나온다. 지난해 보여도 뒤돌아보면 그게 가장 빨랐다. 바느질처럼 매일 조금씩 삶을 기우는 것이다. 특별히 나빠지지도 그렇다고 획기적으로 좋아지지도 않는 삶을, 기워내는 마음으로 꾸준히 벼려낸다. 그러다 보면 어느새 나만의 문장을 세울 수 있었다.

김연수 작가는 《소설가의 일》에서 "매일 글을 쓴다. 그리고 한순간 작가가 된다. 이 두 문장 사이에는 신인新人, 즉 새로운 사람이 되는 비밀이 숨어 있다"고 말했다. 소설이 완성되려면 '토고(토하기 직전까지 참고 쓰는 원고)'를 쓰는 게 먼저라고 한다. 재능 여부를 고민할 시간에 일단 쓰라고, 주어진 불안을 떠안고 타자를 견디고 실패를 감수하라고 제안한다. 그 불안과 실패들이 모여 그를 신인으로 만들었다.

　　매일의 좌절과 힘듦, 무기력을 하나씩 안는 것이 삶의 숙명이겠지만, 이것이 하나둘 쌓여 멋들어진 나만의 소설 한 편을 완성한다고 생각하면 좌절이 온전한 좌절로 느껴지진 않는다. 작가가 매일 글을 쓰듯, 나 역시 주어진 조건 안에서 나름의 작은 목표를 이루기 위해 매일 최선을 다하고 싶다.

결국 글쓰기가 나를 구원한다

한번은 지인이 운영하는 팟캐스트에 출연했다. 글쓰기가 어려운 이들에게 출판편집자로서 요령을 알려줄 수 있겠느냐는 제안이었다. 출연 제안서에는 개인 SNS 채널에 글을 올리는 것부터 회사나 학교에서 보고서 쓰기까지 생각을 글로 표현할 일이 잦아졌지만 짧은 글조차 쓰기 어려워하는 이들이 다수라고, 트위터에 적는 140자도 힘들어하는 이가 많다고 적혀 있었다. 글을 잘 쓰는 요령을 내가 어찌 알겠냐마는 열심히 글쓰기 관련 강의를 찾아다니고 관련 도서를 사는 사람의 마음이 십분 이해되기에 출연하겠다고 답변을 보냈다. 지금이야 누가 보든 말든, 내 글을 잘 썼네, 못 썼네 품평하든 말든 아무렇게나 써내려가지만(심지어 이렇게 책까지 출간하는 무모함을 보이고 있지만) 내게도 글쓰기가 두려운 때가 있었기 때문이다. 그런 두려움을 무사히 극복해 12년차 편집자가 되었으니, 요령 전수까지는 아니어도 내 경험을 공유할 수는 있겠다고 생각했다.

갓 출판사에 입사한 시절, 반년 정도 경력 차이가 나는 직장동료가 있었다. 나이대도 비슷하고, 둘 다 처음 사회생활에 발을 내딛은지라 서로에게 많이 의지했다. 회식한 밤에 서울에 살던 그 친구가 나를 본인 집에 데려가 침대를 빌려줄 정도였다. 나는 스스럼없이 그 집에 방문해 잠을 자고, 그 친구 어머니가 차려주는 아침상까지 먹고 나왔다. 서로를 '회사 동료'라기보다는 '언니 동생' 사이로 대했다.

서로에게 의지하던 언니 동생 사이는 함께 일을 하면서 조금씩 어긋났다. 두 명의 신입을 한꺼번에 가르치기 어려웠던 사수는 한 가지 묘수를 떠올렸다. 바로 두 친구 모두에게 같은 미션을 던져주고, 더 잘 쓴 친구의 글을 통과시키는 방법이었다. 그 이후 동료와 나는 매 순간 대결하는 사이가 되었다. 기획안부터 마케팅안, 표지문안, 보도자료까지 우리는 매번 같은 텍스트를 읽고 같은 미션을 수행했다. 후배는 문예창작학과 출신인 데다가 소설가를 꿈꾸고 있었다. 4년 동안 글 만지는 법만 배운 친구와 처음부터 같은 선상에 서기는 쉽지 않았다. 내 글은 번번이 좌절당했다. 수개월 동안 내게 주어진 역할은 그를 받쳐주는 것이었다. 매번 실패를 경험하다 보니 나중에는 생각을 말로 옮기는 것 자체가 어려워졌고, 자꾸만 그 친구의 글을 의식하고 작법을 따라 했다. 내 글은 남의 옷을 입은 것처럼 볼품없었다.

아무리 신입이어도 성과가 없는 직원을 회사에서 좋아할 리 없다. 사장의 애정과 관심이 나에게서 그로 넘어간 게 눈에 보였다. 처음 입사했을 때는 내 밥그릇 위에 계란말이까지 올려주는 세심함을 보이던 사장은 어느 샌가 나를 구박덩이로 인식했다. 처음에는 글을 못 쓴다고 혼났는데, 나중에는 술을 못 마신다고 혼나고, 집에 먼저 갔다고 혼나고, 옷을 왜 그렇게 입었냐고 혼나고, 싹싹하지 않다고 혼나고, 야근한다고 혼났다. 술자리에서 후배와 내 자리가 바뀌었다. 사수는 나를 지키기 위해 물심양면으로 애를 썼다. 그러나 병장에게 괴롭힘당하는 이등병을 상병이 어찌할 수 없는 법이다. 내 회사생활은 '실패'라는 그림자로 휩싸인 것 같았다.

그때부터 글쓰기 관련 책들을 마구 사들이기 시작했다. 대부분 '작법' 관련 책들이었다. 동료와 나 사이에 가장 큰 차이가 글쓰기 스킬에서 비롯된다고 판단했던 것이다. 글을 잘 쓰면 예전처럼 인정받으리라 생각했다. 그러나 필요한 것은 작법 스킬이 아니었다.

지겨운 경쟁에서 처음 승리한 장면이 머릿속에 사진

처럼 찍혀 있다. 각자 라디오 프로그램에 책 속 구절을 은 근히 섞은 사연을 보내 책을 홍보하라는 미션이었다. 내용 은 알아서 하되 책을 사고 싶게끔 글을 꾸며보라고 했다. '라디오 사연'이라는 미션을 듣는 순간 엄마 생각이 났다. 하루 열두 시간씩 혼자 가게에 앉아 라디오를 듣는 엄마의 이야기를 쓰면 어떨까. 나는 엄마로 빙의되어 엄마의 처녀 시절 삶과 어려움, 나를 낳고 지금까지 맞벌이하며 살아가 는 고단함, 그럼에도 그 안에서 느끼는 소소한 행복 등을 글로 풀어놓았다. 사연은 엄마가 즐겨 듣는 라디오에 보 냈다. 엄마에게는 언제 방송이 나올지 모르니, 엄마 사연 같으면 꼭 말해달라고 당부했다.

그러던 중에 드디어 내 사연이 채택되어 라디오에서 소개되었다. 덕분에 상품도 받았다. 글로 얻은 첫 수확이 었다. 사수가 내게 말했다.

"지은 씨, 이렇게 잘 쓸 수 있으면서…."

그 대결에서 이겼다고 해서 사장이 나를 다시 아끼는 기적은 일어나지 않았다. 그럼에도 얻은 바는 있었다. 비 로소 그 직장 동료와 스스로를 비교하는 고통에서 벗어난 것이다. '동료를 이기고 미션을 수행해야 한다'는 얕은 마 음으로 쓴 글은 쉽게 바닥을 드러냈다. 반면에 엄마의 마 음에 공감하고 그를 위로한다는 마음가짐으로 쓴 글은 누 군가를 감동시켰다. 그리고 그 글은 수렁에 빠진 나마저

구해주었다. 진심을 담은 글 한 편은 분명 누군가를 구원한다.

은유 작가는 《글쓰기의 최전선》에서 바른 문장이나 글의 짜임새보다 그 글이 어떤 가치를 낳는지가 더 중요하다고 말했다. 문예창작학과 후배와 내 글의 차이가 '스킬 문제'에 있다고 생각해서 이런저런 작법책을 찾기보다는, 나는 무슨 말을 하고 싶은지, 내 안에 어떤 말이 담겼는지 들여다보았다면 좀더 빨리 좌절에서 빠져나왔을 것 같다.

"어떻게 하면 글을 잘 쓸 수 있어요?"라고 묻는 이에게 "어떤 글을 쓰고 싶어요?"라고 되묻고 싶다. 잘 쓰는 글보다 좋은 글, 가치 있는 글에 마음을 쏟아야 하지 않을까. 그 가치는 사회공헌일 수도 있고, 타인을 향한 감응일 수도 있고, 스스로를 돌보는 수단일 수도 있다. 감응이 먼저다. 기술은 나중에 익혀도 괜찮다.

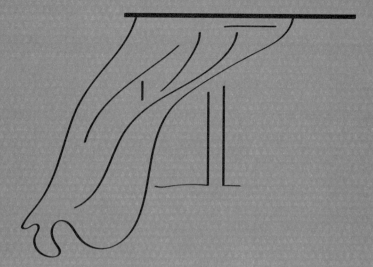

3부

함께
일한다는 것

저자와 편집자,
다른 이름으로 부르는 이유

저자는 편집자와 관계가 가장 긴밀한 직업이다. 저자조차 발견하지 못한 가능성을 책이라는 물성으로 구현해내는 게 편집자의 역할이다. 이 말인 즉 저자가 없다면 편집자의 역할은 무용無用하다는 의미이기도 하다. 종종 가능성이 있는 저자를 눈 밝은 편집자가 발견해 세상에 내놓기도 한다.

　"내가 그 저자 발굴했잖아!"

　나 역시 그렇게 생각한 적이 있다. 지금은 몇십만 독자가 선택한 모 작가의 첫 에세이는 내가 수많은 투고 원고에서 건져낸 단 한 권이었다. 종종 이력서에 이 내용을 기재하며 스스로의 관찰력을 과시하곤 했다. 새 회사에 능력을 어필하기 위한 수단이었지만, 그 저자는 시기의 문제이지 언제든 발견되었을 것임을 알기에 조금 부끄럽기도 하다. 일본 프리랜서 편집자인 츠즈키 교이치는 《권외편집자》에서 "편집자가 작가를 만들어낸다는 말은 터무니없는 소리다. 편집자의 일은 어디까지나 막힘없이 책이 나오도록 교통정리를 하는 것에 지나지 않는다"라고 서술했는데, 이 말은 일정 부분 진실을 담고 있다.

그럼에도 그가 편집자와 저자는 "엄밀히 말해 대등한 관계는 아니다"라고 주장한 내용은 반박하고 싶다. 그의 글은 저자와 편집자가 상하관계인 것처럼 표현한다. 그러나 이름이 다르다는 것은 역할이 같지 않다는 의미다. 저자著者의 한자는 저술할 저著 자에 놈 자者 자를 쓴다. 사전적 의미로 "글 따위를 짓는 사람"을 의미한다. 편집자編輯者는 역을 편編 자에 모을 집輯, 놈 자 자를 사용한다. 사전적 의미로 "지어진 글을 엮고 모아 펴내는 사람"이다. 물론 써놓은 글이 있어야 엮겠지만 반대로 엮지 않으면 그것은 책이 아니라는 점에서 상호보완 관계다. 저자는 쓰고 편집자는 정리하는 서로의 영역이 있는 것이지, 한 직업이 다른 직업의 하위 개념은 아니다. 그리고 츠즈키 편집자의 말이 진실이라 해도, 편집자라면 그렇게 생각해서는 안 된다. 저자의 하위개념이라고 생각하는 순간 상대방 권위에 눌려 편집의 주도권을 상실할 가능성이 높다.

회사 간부들이 '베스트셀러 저자'라며 극진히 모시는

분을 저자로 대하는 상황에서 직원은 그와 자신을 '대등한 관계'라고 생각하기 쉽지 않다. 그럼에도 '편집자와 저자는 대등한 관계가 아니다'라는 전제가 위험한 이유는, 권력이 작용할 여지를 주기 때문이다. 산전수전 다 겪은 노련한 저자에게 어리바리한 신입 편집자는 얼마나 쉬운 대상인가. 이런 상황에 마음가짐마저 '편집자와 저자는 수직 관계'라는 전제를 심는다면 만에 하나 일어날 불행을 피할 길이 없다. 이는 성별과 상관없다.

편집자라면 오히려 '책 안에 담긴 내용은 저자의 전문 영역이지만 편집만큼은 내 전문 분야'라는 마음가짐을 가지는 편이 낫다. 아무리 훌륭하고 지식이 풍부한 저자여도 책의 구조나 구성 등 편집적인 부분까지 세세히 알지 못한다. 종종 저자가 편집자 역할까지 대신하려는 경우가 있다. 특히 첫 책을 만드는 저자에게서 많이 나타나는데, 저자 머릿속에 편집자의 역할이라는 개념이 불분명할 때 벌어지는 일이다. 서로의 영역을 구분해주는 태도는 저자를 위해서도 필요하다. 처음부터 '당신의 역할은 여기서부터 여기까지'라고 명확히 인지시켜야 그분이 어디 가서도 이른바 '진상' 소리 듣지 않는다. 보통은 알면서도 못된 경우보다 몰라서 선을 넘는 경우가 더 많으니까. 업계 정화 측면에서도 저자에게 단호해질 필요가 있다. 내 저자를 괴물로 만들지 말자.

종종 저자와 책의 방향성 부분에서 충돌이 생기기도 한다. 이럴 때는 편집자의 주장이 책과 독자를 연결하기 위한 최선임을 어필한다. 다만 그 주장이 합리적이어야 한다는 전제는 필수다. '사진이 너무 많아서 가독성을 해친다', '각주와 부속이 한쪽에 몰려 있어서 통일감이 떨어진다', '맥락이 축소되어 이해하기 어렵다', '설명이 늘어져서 지루하다' 등 수정 이유가 타당하다면 저자를 설득해볼 만하다. "저자의 멱살을 잡고 시선이 명쾌한 글을 향해 목표점으로 나아가(고아영 등저,《출판, 노동, 목소리》)"는 것이 편집자의 역할이다. 편집자의 취향이 아니라 이것이 책에게, 독자에게 좋음을 꾸준히 증명한다. 이 말은 반대로 명확한 이유가 없다면 저자의 의도를 최대한 살리는 것이 편집의 전제라는 뜻이기도 하다.

설득하는 과정은 지난하다. 며칠에 걸쳐 원고를 살피고 코멘트를 보냈는데 하나도 반영되지 않고 그대로 돌아오거나, 오히려 작가가 편집자에게 본인의 의도를 열심히 설명하기도 한다. 그럴 때는 그냥 포기한다. 신기한 점은 내가 편집하면서 마음에 걸렸던 부분들은 분명 누군가 알아본다는 사실이다. 독자들은 글로만 평가하기 때문이다.

한번은 모 교수의 신문기사 연재 글을 책으로 출간하게 되었다. 초벌 원고를 검토했다. 흐름이 없고 모든 글이 따로 놀았다. 저자와 원고에 대해 처음 이야기하는 자리에서, 글이 좀더 친절했으면 한다, 원고를 주제별로 적당하게 잇고 순서도 재배열하면 좋겠다고 의견을 밝혔다. 저자는 갑자기 자리에서 벌떡 일어나더니 "독자들한테 확인해봤어? 마오쩌둥은 '조사를 제대로 하지 않은 사람은 발언권도 없어야 한다'고 했어!"라며 소리를 질러댔다. 독사들 입맛 맞추다보면 글이 흐트러진다, 내 글은 원고 A4 용지로 두 장씩 빽빽이 적은 글을 반 페이지까지 줄여 타이트하게 만들었기에 고칠 것이 하나도 없다며 아무것도 고치지 말라고 으름장을 놓았다. 그는 이 책은 시리즈로 10권 100권 계속 늘어날 텐데, 그 가치를 모르는 편집자라며 한참 힐난했다.

퇴사한 덕분에(!) 그 저자와는 안녕을 고했는데, 이후에도 회사는 그에게 모든 것을 맞추어주었다고 들었다. 인세도 획기적으로 조정하고 계약금도 '억' 소리 나는 돈을 지불했다. 그가 준 그림으로 표지를 만들고, 순서도 저자가 준 그대로 두고, 차례 꼭지 제목 하나 고치지 않았다. 심지어 인쇄소도 그가 원하는 곳으로 옮겼다. 편집자가 원고를 고치지 못하게 해서 1교만 보고 한 달 만에 출간했다고 한다. 그렇게 나온 책은 신문사 메인 톱을 차지했으나, 서평 말미에 책 꼴과 편집이 형편없다는 악평이 실렸다. 저자는 어떻게 되었는가 하면, 인쇄소에서 뒷돈을 받은 일로 재판에 넘겨졌다.

분명한 점은 책은 저자의 이름을 달고 세상에 나가지만 편집자의 결과물이기도 하다는 것이다. 저자가 쓴 글을 그대로 싣는 것이 편집이고 출판이라면 편집자의 존재 이유는 없다.

책 뒤에 숨은 애씀을 발견하는 정성

편집자는 편집하는 과정에서 디자이너와 무엇을 제일 먼저 협의해야 할까. 아마 본문 레이아웃을 잡는 장면부터 시작하지 않을까 싶다. 얼마만한 책 사이즈 안에 어떤 서체를 활용해 몇 포인트 글자로 본문을 구성할지, 자간과 행간 수치며, 한자와 영문 등 추가 설명을 담은 첨자는 몇 포인트로 지정할지, 첨자를 본문 위쪽으로 붙일지 아래로 붙일지, 이미지를 본문에 삽입할지 삭제할지, 넣는다면 단도인지 컬러인지, 하시라(책 하단 페이지 및 장제목 표시 자리)에는 페이지 숫자만 넣을지, 아니면 장제목까지 다 보여줄지, 장제목을 표시한다면 하단 바깥쪽에 붙일지, 가운데에 둘지 등. 이 세세한 사항들은 모두 본격적으로 작업을 진행하기 전, 시안 과정에서 논의를 끝낸다. 이미 작업 중인데 본문을 틀어버리면 수행하는 디자이너도 힘들고, 요청하는 편집자도 몸 둘 바를 모르게 되기 때문이다. 편집자라는 직업 속성상 '미안하다'는 말을 달고 살 수밖에 없지만, 그럼에도 이 말은 최소화하는 편이 좋다. 함께 일하는 동료를 힘들게 하면서까지 만든 결과물은 결국 티가 나는 법이다.

편집자와 디자이너의 눈으로 보면 책 본문은 세상에 나온 책의 숫자만큼이나 천차만별이다. 모두 좀더 잘 읽히게끔 구현하는 방안을 모색한 결과물이다. 물론 이러한 편집자와 디자이너의 애씀은 독자에게는 비밀이다. 독자의 머릿속에 본문 레이아웃이 기억된다는 것은, 텍스트가 아닌 디자인이 주인공이 되어버렸다는 반증일 테니 말이다. 최대한 열심히 고민하지만, 고민의 흔적이 드러나지 않아야 한다. 이런 역설적인 상황이다 보니 독자 입장에서는 '보이지도 않는데 뭐 대단하다고 그런 디테일까지 신경 쓴단 말인가'라고 생각할지도 모르겠다.

그럼에도, 누구도 알아주지 않더라도, 적어도 '나'는 안다. '책'도 안다. 동료와 함께 애쓴 장면 하나하나가 모여 본문 사이에 켜켜이 쌓인다. 그 노력의 결과는 독자가 책을 끝까지 읽게 하는 보이지 않는 원동력으로 작용한다. '가독성이 떨어져서 읽다 말았다'고 생각한 책이 있다면 그건 텍스트만의 문제가 아닐지도 모른다(억울하긴 하다. 글

안 읽히는 것도 편집자 잘못이라니).

이 때문에 편집자와 디자이너는 책을 온전히 책으로만 보지 못한다. 자신이 만들지 않은 책이라 해도 '대체 얘들은 어떻게 이렇게 잘 (또는 못) 만들었지?' 싶어서 연구하고 관찰하느라 정작 책의 주요 내용을 놓칠 때도 왕왕 있다. 일종의 직업병이다. 혹시 서점에서 30센티미터 자하나 들고 중얼거리며 책과 책 사이를 훑는 사람이 있다면 그건 편집자일 확률이 높다.

어느 직업이든 나름의 강박은 있을 것이다. 북디자인을 전공하고 타이포그래픽을 연구한 유지원 디자이너는 동네에 흔한 입간판부터 과자 봉지에 그려진 작은 상표, 도로마다 널린 표지판, 외국 건물 내부에 음각된 가문의 문양까지 하나하나 관찰하느라 여념이 없다. 일상에서도, 여행에서도 글자들이 그에게 말을 건다. 왜 여기에는 이서체를 썼는지, 어떤 방식으로 프린트해 특이점을 주었는지, 어느 지역에서 유래된 어떤 역사가 해당 지역까지 흘러들어 글자에 남았는지 디자이너에게는 보인다. 나아가 그글자를 만든 사람의 애씀과 배려까지 눈에 담긴다. 글자의 목소리에 귀를 기울이는 것. 일반인은 결코 닿을 수 없는 그만의 시선이다.

그 덕에 그 무엇도 결코 홀로 우두커니 존재하지 않는다는 사실을 새삼 깨달았다. 이 책이 소개하는 글자들이 우리네 삶과 꼭 닮았다. 혼자서는 결코 온전히 살 수 없는 존재들. 함께 있어야 비로소 의미가 온전해진다니 얼마나 위안이 되는지 모른다.

무심코 지나치는 수많은 일상 안에 누군가의 노고와 애씀이 담겼음을 종종 잊고 산다. 누구도 운전하면서 도로 표지판을 공들여 들여다보지는 않을 것이다. 혹시 공들여 봐야 하는 표지판이라면, 그건 가독성 떨어지는 본문처럼 보는 이로 하여금 불편함 또는 혼란을 가져다줄 것이다. 책이야 그저 '안 읽히네' 중얼거리며 덮으면 그만이지만, 도로 표지판의 혼란은 큰 사고로 이어질 수도 있다.

서체로 큰 사고를 막을 수 있다니. 그렇기 때문에 골똘히 글자를 고민하는 사람의 애씀이 필요하다. 도로 표지판에도 타인의 노력이 담겨 있음을 인지한다면 그 이후부터는 결코 무심한 표정으로 표지판을 응시할 수 없다. 도로 표지판에 적힌 사소한 글자 하나가 '만든 사람'과 '읽는 사람'을 연결시키다니 얼마나 멋진 일인가.

더불어 모든 글자는 역사를 품고 존재한다. 유지원 씨가 쓴 《글자풍경》에는 궁서체·명조체·이텔릭체·고딕체 등 우리에게 익숙한 서체부터 뉴욕의 대중교통 사인 시스템인 헬베티카체, 영국 런던의 조명과 간판 등에 쓰인 산스체까지 수많은 서체의 역사가 등장한다. '글꼴' 파일 안에 존재하는 수천, 수만 종의 서체 하나하나에 자기만의 역사가 담겨 있다는 사실이 새삼 놀랍다.

책에 따르면 궁서체는 조선시대 궁에 거주하던 궁녀들이 개발한 글자라고 한다. '저 지금 진지하니까 궁서체 씁니다'라는 농담에나 등장하던 서체 안에 역사책에 기록되지 못한 무수한 궁인의 삶이 녹아 있다. 이 외에도 명조체가 긴 텍스트를 효율적으로 읽히게끔 만들어진 노력의 결과물이라는 점, 이텔릭체, 즉 흘림체가 많은 글씨를 최대한 빨리 쓰고 싶은 인간의 마음에서 유래된 서체라는 이야기, 우리가 한글 문서 파일을 열고 매일 쓰는 글자들이 누군가가 직접 종이에 적은 것을 컴퓨터로 옮겨낸 글자라는 사실들을 안다면 어찌 한글 문서의 기본 글자인 '함초롱바탕'만 쓸 수 있을까. 이 책을 읽고 나면 글꼴 파일을 열어 이 글자 저 글자 하나하나 들여다보고 싶어진다.

책을 읽을 때, 도로 표지판을 볼 때, 한글 파일에서 서체를 지정할 때, 그 안에 숨은 '일하는 사람들'의 애씀과 정성을 가만히 들여다보는 사람이고 싶다. 그 사람이 어떤 시선으로 이 형태를 만들었을지 머릿속으로 상상해보곤 한다. 상상할 수 있다면 이내 이전에는 보이지 않던 사소한 배려들이 눈에 띄기 시작하기 때문이다. 그리고 일단 눈이 뜨인 이상, 결코 이전으로 돌아갈 수 없다.

낯선 서로의 간극을 줄이는 일

사람은 누구나 어느 정도 이기적이어서 상대의 입장을 잘 헤아리지 못한다. 다른 이의 입장에 서지 못하는 사람을 탓할 수는 없다. 그 또한 자기보호의 일환일 테니까. 자기 상황도 감당이 안 되는데 감히 남까지 헤아릴 겨를이 생기겠는가. 다만 내 일, 내 직업, 내 위치가 제일 힘들다는 생각은 상대의 일, 상대의 직업, 상대의 위치를 간과하게 만들어 결국 스스로에게 독이 된다는 점만큼은 인지해야 한다.

이럴 때 책이 필요하다. 상대 머릿속에 직접 들어가는 일은 능력 밖의 영역이지만, 책으로 상대의 목소리와 생각에 손쉽게 가닿을 수는 있다. 편집자를 꿈꾼다면 함께 일하는 마케터·디자이너·번역가·서점운영자 등의 목소리를 읽어보라고 권하고 싶다. 선배 편집자의 글은 일의 능력을 향상시켜주지만, 마케터·디자이너·번역가·서점운영자가 쓴 책은 일의 태도를 변화시킨다.

《번역가 모모씨의 일일》은 편집자와 가깝게 마주하고 일하는 대표적인 직업군 가운데 하나인 번역가의 삶을 간접적으로나마 체험할 수 있는 책이다. 과학과 인문 도서를 주로 번역하는 노승영 번역가의 진중한 태도와, 스릴러 등 소설 번역을 전문으로 하는 박산호 번역가의 사려 깊은 시선을 동시에 느낄 수 있다.

책 곳곳에 나처럼 '과연 이 일로 평생 밥 벌어먹고 살 수 있을까' 싶어 불안해하는 마음이 보인다. 그들 역시 을의 입장, 병의 입장, 정의 입장으로 이른바 '갑질'에 휘둘리느라(심지어 그 갑질에는 편집자도 포함된다) '이 지겨운 밥벌이 이제 그만 때려쳐야지' 외치기도 한다. 그러다가도 '이 일이 아니면 내가 이만한 천직을 어디서 만나냐'고 한숨 쉬며 오늘도 두 손 가득 교정지를 끌어안고는 컴퓨터 앞에 앉는다.

그 누구도(심지어 담당 편집자조차) 알아주지 않지만 조금이라도 더 적합한 단어 하나를 찾아내기 위해 국립국어원 사이트와 인터넷 세상을 헤매고, 혹시라도 놓친 "단어의 배신"이 있을까 싶어 아는 단어도 돌다리 두드리듯 속뜻과 관용어까지 하나하나 찾아본다. 애면글면 문장을 다듬고 만지고 고치고 여기저기 묻고 또 물어 세상에 내놓아도 간과한 문장 하나, 어긋난 제목 하나에 '번역논란' 꼬리표를 달아야 하는 번역가라는 직업의 애환을 어찌 내 직업의 거울이 아니라 말할 수 있을까. 편집자라면 동질감을 느낄 수밖에 없다.

일반적으로 회사에 고용되는 정규직 직업인 편집자와 달리 대부분의 번역가는 프리랜서로 일한다. 이 책을 통해 비정규 직업군이 겪는 고뇌와 힘든 삶을 엿볼 수 있다. 회사에 다니다 보면 종종 '회사 밖' 사람에게 야박하게 구는 경우가 생긴다. 회사 경비를 줄이라는 압박에 못 이겨 외주 디자이너, 외주 교정자, 번역가의 비용을 매몰차게 깎기도 한다. 정말이지 그러진 말자.

서로의 일을 존중한다는 차원에서도 그렇지만, 미래의 자신의 밥벌이를 위해서라도 회사 밖 사람에게 정당한 대가를 치러야 한다. 모든 편집자는 미래의 프리랜서다. 출판편집자의 실무 정년이 마흔이라고 했다. 마흔이 넘은 편집자가 이 업계에서 일을 지속하는 방법은 일인출판사를 차리거나, 지금 월급의 절반만 받으며 더 열악한 환경으로 이직하거나, 프리랜서로 전향하는 방법밖에 없다. 지금은 회사에 적을 두고 있지만 언제 프리랜서로 전향할지 알 수 없는 일이다. 남의 피땀을 존중하지 못하는데 마흔 이후 프리랜서로 선 자신을 누가 존중하겠는가. 스스로 회사 사람이라고 생각하면 프리랜서가 남이지만, 내 미래라고 생각하면 서로의 노동을 존중하게 된다.

프리랜서는 출판 생태계에서 분명 갑의 위치는 아니다. 어쩌면 업계 피라미드 말단을 차지할지도 모르겠다. 가장 약한 존재가 어떤 취급을 받는지 들여다보면 그 업계 수준이 보인다. 자신이 건전한 출판 생태계를 위해 어느 편에 서야 할지 곰곰 생각해보았으면 한다. 만약 회사가 편집자에게 '후려치기'를 강요한다면 외주자와 한 번 일하고 말 사이가 아니라는 점을 들어 회사를 설득해보면 어떨까.

외주 비용을 터무니없는 가격에 내보내라는 회사의 강압을 받은 적이 있다. 당시에 나는 타 출판사 편집자들을 수소문해 주요 출판사들의 외주 비용 평균치를 계산한 다음, 이를 표로 작성해 상사에게 보여주었다. 데이터는 거짓말을 하지 않으니까. 주장이 아닌 증거를 보이면 된다. 게다가 그 돈, 많지도 않다. 손익분기 때문이라면 책값 1,000원 올리면 상쇄된다. 고작 1,000원 때문에 동료의 노동가치를 폄하하지 않았으면 좋겠다.

책에서는 박산호 번역가가 한 편집자에게 "어떨 때 일하는 게 가장 즐거워요?"라고 물었다는 내용이 언급된다. 그 편집자는 "같이 일하는 사람들과 잘 맞을 때요"라고 대답했다. 스스로에게 질문해보면 좋겠다. '내 동료는 나와 일하는 게 즐거울까.' 이 질문을 떠올린다면 자기 입장에 사로잡혀 상대를 배려하지 못하는 우는 범하지 않을 것이다.

지금까지 여섯 개 출판사를 다녔다. 두 달 만에 쫓겨난 곳부터 8년 근무한 회사까지 다양하다. 상사 앞에서 저자에게 성희롱을 당하기도 하고, 원치 않는 강요와 폭언, 무시로 회의감에 빠질 때도 있었다. 그럼에도 계속 이 언저리에 남았다.

돌아보면 아무도 알아주지 않는 이놈의 일을 끙끙대며 버티는 이유는 3년마다 이직하는 회사가 아니라 함께하는 사람들 덕분이었다. 자존감이 무너졌을 때 '항상 네 옆에 있지는 못하겠지만 뒤돌아보면 그 자리에 있는 선배가 되어주겠다'고 말해준 사수가 있었고, '나와 함께 일하면 존중받는 느낌이 든다'고 말해주는 외주자가 있었다. 부족한 기획을 밀어주고 보완해준 상사와 기꺼이 함께해준 저자들도 한몫했다. 번역가·저자·디자이너·마케터 등 다들 조금씩 부족하고 연약하지만 서로를 헤아릴 줄 아는 우리가 책이라는 이름으로 모여 그 일이라는 걸 하고 있었다. 책은 편집자 혼자 만드는 게 아니라 그들과 함께 만든 결과물이라고 생각한다.

어쩌면 출판의 위기는 줄어드는 독서인구 탓도, '공부를 안 하고 끈기가 없어 쉽게 그만두는 요즘 애들' 때문도 아닐지 모른다. 서로의 일을 존중하지 않는 업계는 잘될 수가 없다. 우리가 함께하는 즐거움을 서로에게 선물하는 존재가 될 수 있도록, 상대의 입장에서 서로를 바라봐줄 수 있도록 꾸준히 서로를 헤아리는 책을 만들고, 쓰고, 읽어야 한다.

도제식 시스템과 개인의 상관관계

회사는 '뽑을 사람이 없다'고 하소연하고, 지원자들은 '갈 곳이 없다'고 울상이다. 이에 대해 출판계 바깥 친구 하나는 출판계가 신입을 도제식으로 가르치기 때문이라는 의견을 주었다.

"선임 한 사람이 나가면 교육 노하우가 전부 사라지잖아요."

비효율적인 신입교육 방식을 지적한 것이다. '신입육성 시스템'을 구축하면 되지 않느냐는 이야기였다. 시스템이 잡히면 신입을 뽑는 회사 쪽에서도 부담이 적고, 신입도 균등하게 양질의 교육을 받을 수 있다고 했다. 다른 업계들은 다 그렇게 한단다. "출판이 얼마나 영세한데. 시스템에 투자할 여력이 있겠어"라고 대답했지만 뒷맛이 씁쓸

했다. 아무리 영세하고 초기 비용이 많이 드는 작업이라 해도 필요한 투자라고 느껴졌기 때문이다. SBI라는 훌륭한 출판교육 시스템이 있지만, 그곳에서 배운 이론은 실전과 또 다를 것이다. 어차피 입사하면 실무교육을 다시 받아야 한다. 출판사마다 원하는 편집자상도 제각각이기에 필요한 교육 시스템도 달라질 것이다. 출판사마다, 원하는 편집자상에 따라 교육 시스템을 세워야 하지 않을까.

큰 회사는 신입을 키우지 않고, 작은 회사는 투자 없는 신입 채용으로 인건비를 아끼려 하고, 열악한 환경 아래 신입들은 최소한의 연차만 쌓이면 바로 이직을 준비하는 지금의 시스템은 단연 '낭비'다. 심지어 경력자를 뽑았는데 실력이 신입만 못해서 고생하는 경우도 부지기수다. 당연하다. 신입을 뽑지 않는 업계에 경력자가 있을 리 만무하고, 제대로 교육받지 못하니 능력 대신 연차만 쌓인 편집자가 자꾸 생긴다. 어렵게 남은 편집자들도 출산 및 육아 등으로 경력이 단절되니, 실력이 없어도 그냥저냥 버티면 어디든 입사하는 웃지 못할 상황도 펼쳐진다. 이런 전반적인 불균형은 애초에 사람을 키우지 못한 출판계의 한계에서 나오는 것 같다.

"책을 어떻게 만들어야 하는지 모르겠어요."

한 후배의 하소연을 들은 적이 있다. 그 친구는 입사 초기 한두 달만 사수 아래에서 교육받았고, 이후로는 사수가 없었다. 경력 만 3년이 다 되었는데 아직도 첫 사수가 조언할 때 받아 적은 메모를 들척이며 혼자 고군분투한다며 쓸쓸해했다. 자신의 선택을 믿지 못해 불안해하고, 주변 선배 편집자로부터 어깨너머로 배우며 알아서 커야 하는 상황이 옳은 건가 싶다. 그 친구에게는 그저 사수 없이 혼자 분투하는 신입이 워낙 많으니, 너무 속상해하지 말라는 겸연쩍은 말을 우선 꺼냈다. 위로가 됐을지는 모르겠지만.

실질적인 고민 앞에 업계의 한계나 시스템을 운운하는 것도 우습다. 당장 사수조차 붙여줄 수 없는 회사에 교육 시스템을 만들라고 제안하라는 조언도 그에게는 난감할 테다. 그렇다고 무작정 이직을 권할 수도 없다. 이직은 신중히 생각해야 하는 문제다.

다만 지금 위치에서 할 수 있는 몇 가지는 말해주었다. 당시에 제안한 조언들은 다음과 같다. 하나, 타 출판사 또래 편집자 모임에 나가라. 둘, 편집 관련 책을 많이 읽고 강연도 찾아 다녀라. 셋, 최대한 옆 선배들한테 달라붙어 묻고 또 물어라. 이 세 가지를 하나로 정의하면 '움직이라'는 조언이다. 달라질 게 없다면 어떻게든 몸을 써서 스스로 가능성을 넓혀야 한다.

이 조언들은 내가 직접 경험하고 성과를 본 것들이기도 하다. 신입 시절 사수로부터 이런저런 훈련을 받았으나 이직한 회사에서는 온전히 혼자였다. 부서장의 오케이교는 형식에 그쳤다. 사정이 이렇다 보니 어깨너머로 배울 만한 상대도 별로 없었다. 신입 교육은 퇴근 후 세 차례 진행된 '○○사 교정교열 규칙' 교육이 전부였다. 당시 2년차였는데, 입사하자마자 학술서 책임편집을 맡았다. 내용도 어렵고 양도 방대한 데다가 내가 하는 편집과 책꼴 구성이 과연 최선인지 알 수 없어 답답하던 기억이 난다. 당시 부서장에게 이러한 고민을 꺼냈더니 "나는 선배들 교정지 대조한 게 교육받은 전부야"라는 꼰대 같은 말만 들었다.

답답함에 출판편집자를 대상으로 하는 강의를 꾸준히 찾아 다녔다. 강의도 가뭄에 단비 같았지만, 그보다는 함께 강의를 듣는 동료들과 친분을 쌓은 것이 큰 성과였다. 타 출판사 동료들 덕에, 도태될 것 같은 불안과 걱정이 3년차 내외 편집자가 흔히 느끼는 감정임을 알았다. 내 고민을 한번에 알아듣는 동료가 생겼다는 게 기뻤다. 바쁜 상사에게 미처 묻지 못한 사소한 질문, 이를 테면 헷갈리는 교정교열 등을 묻기도 했다. 2, 3년차 편집자들의 작은 연대였다. 이때 사귄 동료의 소개 덕분에 좀더 나은 조건으로 회사를 옮기고 좋은 상사 밑에서 더 많이 배울 수 있었다.

회사 밖에 연대의 끈을 만들어놓는 일은 중요하다. 아무리 또래여도 회사 안에서는 말조심이 기본이다. 어떤 회사든 나름의 권력다툼이 있고, 그 안에서 서로가 한 말을 무기로 사용하기도 한다. 이 때문에 내 모든 고민을 털어놓기 어렵다. 처음에는 이 기준을 몰랐다. 친하다고 생각되면 스스럼없이 속마음을 보여주기도 했다. 누군가 곤란을 타파할 무기로 내 말을 사용하는 경험 뒤에 나름의 기준을 세울 수 있었다. 이런 사회의 생리를 잘 아는 한 상사는 내게 "회사에서 언제나 부화뇌동하지 말고 일희일비하지 말라"고 조언해주었다. 그 조언은 당시에 많은 도움이 되었지만 동시에 나를 고립시켰던 것도 사실이다. 차라리 '회사 밖으로 나가 다른 사람을 만나라'는 조언이었다면 어땠을까.

배움과 성장 가능성이 충만한 시기에 혼자 정체된 느낌이 들면 누구나 이직을 떠올린다. 나는 오히려 이럴 때 한 템포 쉬어가는 편이 낫다고 생각한다. 감정이 한껏 올라왔을 때는 잘못된 선택을 하기 쉽다. 주어진 여건 안에서 최대한 시도하고, 안 되면 그때 움직여도 늦지 않다. 자신이 완전해질 때까지 기다리다가 이직 시기를 놓치고 회사에 눌러앉는 이른바 '고인 물'이 되는 것도 경계 대상이지만 너무 성급히 옮겨 다니는 것 역시 좋은 선택은 아니다. 능력이 부족한 상사나 형편없는 시스템 아래에서도 나름의 배울 점은 있기 때문이다. 무엇보다 옮기는 회사가 내 유토피아일 리 없다.

《논어》〈술이편〉에서 공자는 "세 사람이 함께 길을 가면 그중에 반드시 내 스승이 있다"고 했다. 마주하는 모두가 훌륭하진 않을 것이다. 그저 배울 만한 사람은 기꺼이 스승으로 삼고, 그렇지 않다면 타산지석으로 삼으라는 의미다. 맹자 역시 《맹자》〈공손추 하〉에서 왕이 마음을 고쳐먹고 자신을 다시 불러줄 때까지 떠나지 않고 사흘을 기다려주었다. 받아들여지지 않는다고 성을 내고 화난 얼굴로 돌아서면 결국 피해를 입는 것은 그 나라 백성이기 때문이었다. 내 다음으로 그 자리에 앉을 사람, 남은 동료들을 위해 화난 얼굴로 사표 내는 것만은 지양한다.

회사와 동료와 선후배의 배울 점을 최대한 내 것으로 삼은 뒤에 다음 행보를 모색해도 늦지 않다. 주어진 여건 안에서, 할 수 있는 시도는 다 해보자. 출판 시스템 만들기가 요원하다면 적어도 그 전까지는 '살아남는 법'을 연구해야 하지 않을까. 스스로 성장하고 시스템을 바꿀 수 있는 위치에 섰을 때 후배들이 자신과 같은 시행착오를 겪지 않도록 판을 깔아주면 된다.

우리 모두는 연결되어 있다

출판사에서 신입 직원에게 시키는 기본 미션 가운데 하나가 '회사 공식 SNS 계정 관리'다. 보통 마케팅 부서에서 계정을 관리하지만, 짤막하게라도 회사 책을 글로 홍보하는 수단이다 보니 책 내용을 가장 잘 이해하는 편집부 쪽에서 관리하는 출판사도 많다.

　신입에게 주로 이 미션이 주어진다는 것은, 냉정하게 이야기하면 출판사에서 상대적으로 덜 중요하게 생각하는 업무라는 의미다. 하지만 자칫 잘못 글을 게시했다가 대대적으로 기사화되어 석고대죄 사과문을 올리는 등 큰 사고로 이루어지는 경우도 종종 발생하기에 마냥 신입에게 맡기기에도 난감한 업무 가운데 하나다. 이래저래 편집자에게 SNS는 있으면 신경 쓰이고, 없으면 아쉬운 계륵 같은 존재라고 할 수 있다. 그렇다면 신입은 어떻게 이 계륵을 쓸 만한 무기로 벼려낼 것인가?

SNS를 운영하는 이들이라면 누구나 느끼겠지만, 불특정 다수가 보는 매체에 '이것 좀 사세요'라고 강요하는 글은 오히려 역효과다. 유튜브에서 '5초 후 SKIP'을 누르지 않는 사람이 1퍼센트 이내라고 한다. 대부분 광고에 거부감을 느끼는 것이다. 나부터도 SNS 뉴스피드에 '광고글'이 나타나면 빠르게 손가락을 움직여 스크롤을 내린다.

종종 출판사 블로그임에도 '책 홍보 글이네'라는 비난 댓글이 달리는 경우가 보인다. 아니, 출판사 블로그에서 그럼 책을 홍보하지 뭘 홍보하나? 성의 없는 비난이 억울하지만 이런 댓글에서도 배울 점은 있다. 출판사 SNS임에도 이른바 '책팔이' 느낌을 내지 말라는 충고다. 강요만큼 싫은 게 없으니까. '이것 좀 사세요'가 아니라 '이런 정보도 있으니 좀 보세요' 정도로 접근하라는 요구인 것이다.

결국 책이라는 물성에 함몰되어 독자도 감정이 있다는 사실을 놓치지 말라는 의미 아닐까. 《콘텐츠의 미래》라는 책에서는 이를 '연결성'이라는 키워드로 설명한다. 이 책에서는 각자의 콘텐츠를 다른 소비자, 다른 콘텐츠, 다른 스토리와 연결 접점을 찾아 성공한 사례들, 예컨대

넷플릭스·아마존·애플 등 세계적인 기업이 차례로 등장한다. 그들은 하나같이 자신의 플랫폼을 통해 고객들이 서로 연결되도록 도왔고, 독자와 콘텐츠 사이의 접점을 제공했다. 그리고 그들이 서로를 돕도록 다리를 놓는 데 집중해, 결국 성공적인 기업이 되었다.

물론 출판은 이들과 비교하면 자본력이나 기술 등에서 차이가 현격하고, 전혀 다른 분야이다 보니 일일이 적용시키기에는 한계가 분명하다. 그럼에도 우리 일이 콘텐츠를 만지는 직업이고, SNS 등을 통해 독자와 연결되어야 하는 미션을 받은 만큼, 독자와의 연결성에 대해 생각해 볼 여지는 충분하다.

'콘텐츠의 연결 관계에 중심을 둔다'는 이론을 출판에 접목시킨다면 좋은 책을 만들겠다는 의지도 중요하지만, 그 책을 어떻게 독자와, 그리고 다른 콘텐츠와 연결할지 고민하는 것 또한 필수적이라는 의미로 해석할 수 있다. 아무리 좋은 책이어도 누구도 읽지 않으면 그 책의 지식 가치는 무용이라는 점을 생각한다면 지당한 이야기다. 한 권에만 함몰되었을 때는 결코 보이지 않던 가능성이 다른 콘텐츠 또는 독자와 연결되었을 때 무한한 시너지를 낼 수 있다. 그런 의미에서 회사 SNS는 신입에게 괜찮은 기회다. 어떤 글에 독자가 반응하는지 살피고, 그들이 원하는 방식으로 SNS를 꾸려나가는 것도 독자의 니즈를 알아차리는 좋은 공부가 된다.

종종 마케팅은 마케팅 부서의 일이고, 편집부서는 기획과 편집에 최선을 다하면 된다고 이분법적으로 나누어 생각하는 편집자를 만나기도 한다. 물론 주어진 역할이 다르기에 부서가 나뉘는 법이지만, 어찌 일이라는 게 그렇게 무 자르듯 뚝 잘라 영역을 구분할 수 있을까. 게다가 요즘처럼 책이 팔리지 않는 시대에는 마케터든 편집자든 저자든 책을 독자에게 연결하기 위해 최선을 다해야 한다. 네 일 내 일 따지다 보면 그렇게 애먼글면 소중하게 만든 책, 이미 구간이 된다. 그때 가서 마케터에게 왜 책이 안 나가냐고 물어도 '시장이 안 좋다'는 말 외에는 들을 대답이 없다.

독자와의 연결고리만큼 마케터 등 지원부서와의 연결고리도 중요하다. 종종 타 부서를 적으로 대하는 편집자를 접한다. 디자이너에게 '그림 찾는 건 디자이너 일 아니냐'고 따지고, 마케터에게 'SNS 업무는 마케팅 소관이지 않느냐' 큰소리치는 편집자. 반대로 이런 사람도 있다. "결코 완벽하지 않은 여러 사람이 모여 완벽해지기 위해 노력하는 게 회사다"라고 말하는 편집자. 나는 두 편집자 모두 경험했다. 다들 누구와 같이 일하고 싶어 했는지는 말하지 않아도 알 것이다.

출판이라는 게 회사라는 조직 안에서 함께 돌아가지

만, 남들 눈치 안 보고 개인으로 일하려면 얼마든지 가능하다. 자신이 맡은 한 권의 일정만 생각하면 그만이니까. 하지만 이런 태도는 결국 회사도 하나의 팀이라는, 관계의 중요성을 놓치게 한다. 나 하나가 책 한 권에 함몰되어 주변을 보지 못할 때, 그로 인해 누군가는 힘듦을 이기지 못하고 떠날 준비를 할지도 모른다. 개인에 함몰되니 상대 혼자 감당하던 몫을 보지 못했던 것이다. 떠난 사람의 빈자리는 결국 남은 사람이 채운다. 그때쯤 되면 서로의 부족한 관계가 결국 팀을 해체시켰고 이로써 서로에게 상처만 남겼음을 깨달을까. 한 사람의 유능한 천재보다 보통의 범인 여러 명이 연결되었을 때 더 큰 시너지를 발휘한다고 믿었으면 좋겠다.

또한 자신의 노력을 과대평가하지 말자. 혼자 노력하느라 상대의 영역을 침범해서는 안 된다. 보통 신입들이 많이 하는 실수다. 내 영역과 남의 영역을 구분하지 못하다 보니 선을 넘나든다. 이럴 때일수록 힘을 조금 빼는 게 좋다. SNS 맡았다고 너무 열성을 쏟지 마라. 지나친 열심은 억울함을 낳는다. '내가 이렇게 열심히 만들었는데', '내가 이 정도로 고생했는데' 생각하는 순간, 그 열정이 결국 독이 된다. 나도 그런 적이 있음을 고백한다. 종종 억울할 때 이런 마음이 스멀스멀 올라온다.

'왜 나만(우리 팀만, 우리 부서만) 이 고생이지?'

아니다. 그저 열심의 강도와 종류가 다를 뿐, 다들 나름의 최선을 다한다. 내 노력만 노력이라고 생각했던 지난날이 부끄럽다. 일이 아닌, 사람을 보면 실수가 줄어든다. 내가 만나는 독자도, 함께하는 동료도 모두 감정이 있는 사람임을 인지한다면 적어도 '선'을 넘는 실수는 방지할 수 있지 않을까.

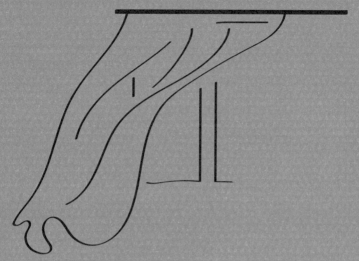

4부

나를 지키며
일하기

출판계에 인재가 없다고요?

어쩌다 보니 연차가 쌓이고, 나아가 편집자의 업무 노하우를 정리하는 거창한 글을 쓰고 있지만 나에게도 흑역사는 있다. 앞에서도 언급했는데, 대학을 갓 졸업하고 처음으로 입사했던 출판사에서 두 달 만에 쫓겨났다. 하루는 편집장이 "잠깐 차 한 잔 마시자"며 근처 카페로 불렀다. '근무 시간에 카페라니!' 아무 생각 없이 해맑던 내게 그는 갑자기 "내일부터는 안 나와도 된다"고 말했다. 문장의 뜻을 제대로 이해하지 못해 멀뚱히 그의 입만 바라보았다. 그는 "너는 이 직업과 어울리지 않는다"며 "출판사보다는 번역 에이전시 쪽을 알아봐"라는 살뜰한 충고도 잊지 않았다. 그렇게 첫 번째 직장생활이 막을 내렸다. 바로 개인 짐을 싸들고 도망치듯 뛰쳐나왔는데, 갑자기 받은 스트레스 탓인지 생애 처음으로 장이 꼬여 고생했다. 집에 가기 위해 몸을 실은 전철 안에서 '오늘따라 퇴근길이 유난히 기네'라고 생각했던 기억이 마치 어제 일 같다.

당시에는 억울함보다는 좌절을 택했다. 상처는 컸지만 누구에게도 선뜻 말하지 못했다. 실수로 이 직업을 선택한 내 잘못이니까, 쫓겨나는 게 당연한 줄 알았다. 이후 다음 직장에 입사할 때까지 '나처럼 능력 없는 사람이 편집자를 꿈꾸어도 되나', '편집자는커녕 그 어떤 밥벌이도 못 하면 어쩌나' 하는 걱정으로 몇 달을 소모했다.

몇 년 후 좋은 선배와 동료들을 만났다. 당연하다고 생각했던 것들이 당연하지 않음을 그들에게서 배웠다. 덕분에 잘못은 내가 아니라 날것의 원고 하나 던져주고 책으로 한번 만들어보라며 신입을 방치한 그 회사에 있음을 알았다. 또한 당일에 구두로 해고를 통보하는 것은 물론이고, 수습이라는 이유로 계약서를 쓰지 않은 것도 '관행'이 아니라 노동부에 신고해 처벌받게 해야 마땅한 '불법'이라는 점까지도.

이제는 출판 경험치가 쌓인 내게 누구도 더는 불합리를 받아들이라고 종용하지 않는다. 그렇다면 이제 모두 괜찮아졌을까? 아무렇지 않게 내 미래를 가늠하고 좌절을 주었던 그 회사는 여전히 마음대로 신입을 썼다 잘랐다 할 텐데. 출판 팟캐스트 '뫼비우스의 띠지'에서 출연자 오라질년은 "40여 명의 편집자가 모여 이야기를 나눠보니 절반 이상이 부당해고를 경험했다"고 말했다. 그들의 되도 않는 평가 탓에 '나는 편집자 타입이 아닌가 봐'라고 스스로를 탓하며 업계를 떠난 능력자가 얼마나 많을까.

아무래도 시작을 잘못 설정했던 것 같다. 편집사를 꿈꾸며 제일 처음 한 일은 출판 관련 책을 찾아 읽는 것이었다. 화려한 스타 편집자들의 책이 굉장히 많았다. 이름만 들어도 알 만한 출판사 사장들의 성공 스토리, 출판계 인재상을 소개하는 책이 대부분을 차지했다. 최고의 역량을 발휘해 최선의 노력으로 최상의 책을 만들어낸 스펙터클 일대기들. 이런 책들은 은연중에 '위대한 편집자 프레임'을 만든다. 그 책들을 읽고 '나도 이런 편집자가 되어야지'라고 생각한다면 베스트겠지만, 보통은 스스로의 능력을 의심하게 된다. 이미 자신을 의심하기 시작했다면 문제는 시작된다. 회사로부터 차별과 불평등을 겪어도 반격할 힘을 잃기 때문이다. 불합리한 노동조건에 항의하기보다는 오히려 스스로를 채찍질할 확률이 높다. 내가 너무 모르니까, 신입이니까, 실력이 부족해서, 편집자를 할 만큼 똑똑하지 못해서, 베스트셀러 편집자가 아니라서 등등. 자신을 탓할 만한 요소는 수도 없이 늘어난다.

'위대한 편집자' 운운하는 책들의 가장 큰 약점은 출판계의 노동조건에 대한 이야기가 전무하다는 사실이다.

내가 경험했던 한 출판사 사장은 "공부도 하면서 돈도 주니 얼마나 좋으냐"고 물었다. 그 사장은 몇 년에 한 번씩 '위대한 한 권의 책과 출판 정신'을 주제로 책을 집필한다. 책에는 매번 자신이 얼마나 힘들고 어려운 상황 속에서도 베스트셀러를 만들어냈는지 장황하게 설명하고, 요즘 사람들의 열정 없고 패기 없음을 은연중에 질책하며, 출판계 미래가 암울해 걱정이라는 내용으로 끝을 맺는다.

다들 출판계가 위기라고 말한다. 열정 가득한 신입이 없어 걱정이라고도 한다. 경력자가 왜 이렇게 없냐고 한탄하는 목소리도 들린다. 그 이유는 선명하다. 신입을 키우지 않는 환경에다가, '공부하는 아이 용돈 얹어주는 수준'의 박봉을 견디는 사람이 한둘인가. 열 명 가운데 아홉 명이 여자인 조직임에도 저자·상사로부터 겪은 성폭력 이야기가 끊임없이 흘러나온다. 육아휴직은 눈치보느라 쓸 수 없고, 결국 경력은 단절된다. 자식을 어린이집 들어갈 만큼 키우고 업계에 돌아오면 도로 신입에 준하는 월급을 받는 노동환경에 놓인다. 경력 단절을 경험하지 않은 사람도 사정은 다르지 않다. 신입은 능력이 없다고 연봉을 후려치고, 베테랑 경력자는 '비싸다'고 쓰지 않는다. 그러니 북에디터에는 늘 3~5년차 경력자를 구하는 글로 가득하다. 이래놓고 열정 있는 신입, 능력 있는 경력자가 없다고 한탄한다면 핀트 잘못 맞췄다.

언젠가 출판노조에서 출간한 출판계 여성노동 실태 보고서를 읽은 적이 있다. 〈숨은 노동 일러두기〉라는 이름의 보고서였는데, 편집자·마케터·디자이너 등 정규직부터 프리랜서까지 출판계 다양한 여성의 목소리가 담겨 있었다. 보고서이다 보니 인터뷰들이 정리되지 않고 날것 그대로인데, 그마저도 나름의 의미가 있다. 그 많은 억울함이 어떻게 깔끔하게 정리되겠는가. 특히 미래의 나일 확률이 높은 외주여성노동자의 성차별과 노동차별, 여성이 다수를 차지함에도 권력의 열세로 인해 끊임없이 일어나는 성폭력 문제 등을 다룬 제4장 〈노동은 어떻게 성별화되는가〉는 흔히 출판계 사장들 책에서 간과하는 부분이기에 더 인상 깊었다. 출판사 관계자에게 성폭력을 당해도 외주가 끊길까봐 입을 다물었다는 한 여성의 고백은 이 업계의 노동현실을 여실히 보여준다.

종종 생각한다. 하루아침에 직장에서 쫓겨난 신입이던 내 곁에 "당장 출판노조나 노동부에 연락해라. 그 회사가 벌금을 물어야 다시는 너 같은 희생자가 생기지 않는다"라고 말해주는 이가 있다면 어땠을까. 출판계에서 크고 작은 불합리를 당하지 않은 사람이 거의 없다는데, 억울함을 서로 공유했다면 어땠을까. 그런 경험이 있었다면 나는 불합리에 좀더 예민한, 송곳 같은 사람이 되었을 것이다.

불합리를 공유함으로써 나도 모르게 겪는 탄압을 자각해야 한다. 출판사 사장들은 주기적으로 모여 정보를 공유하고 좀더 알뜰하게 사람을 부릴 방법을 모색한다는데, 왜 직원들은 그러지 못할까. 〈숨은 노동 일러두기〉에 인터뷰를 응한 인터뷰이 가운데 한 명인 '편집자 X'는 이렇게 말한다. "(해고에 대한 기준이나 부당해고 대응법 등을) 모르는 분들이 좀 당당해졌으면 좋겠고, 그런 제도들이 있다는 걸 (알려주거나) 도와주는 사람들도 있"다는 사실을 알리고 싶어서 인터뷰에 응했다고. 그러한 연대의 마음이 담긴 글들을 좀더 자주 읽고 쓰면 좋겠다. 억울함을 함께 나누던 송곳 같은 친구들이 '출판계의 위기'를 자연스럽게 해결할지도 모른다.

디지털 세상에서
출판이 살아남으려면

2010년대 초반에 내가 몸담고 있던 출판사는 사내 편집자 전원에게 전자책 제작 과정 수업을 들으라는 특명을 내렸다. 당시는 3G폰이 막 보급되던 시기였다. 얼리어답터와 거리가 상당히 멀던 나는 폴더로 접히는 2G폰을 사용하고, 컴퓨터로는 한글 프로그램 켜고 문서 작성하는 정도밖에 모르던 때라 수업 내용의 80퍼센트는 하릴없이 흘려보냈다. 앱이나 앱스토어, 안드로이드가 무슨 뜻인지도 모르고 수업을 들었으니 말 다했다. 알아듣기 어려운 외국어 같은 용어가 쉴 새 없이 흘러나오는 강의실에서 일주일에 두 번씩 60시간을 어찌어찌 견뎌내었다. 역시 월급의 힘은 무섭다.

전자책 수업을 생각하면 가산디지털단지의 생경한

풍경과, IT쪽 강사의 시범에 따라 소규모 출판사 사장들과 함께 컴퓨터로 열심히 프로그램 툴을 만졌던 기억, 강사가 우리를 페이스북에 단체로 가입시켰던 장면만 기억난다. 몇 달에 걸쳐 강의를 이수하고 수료증까지 받았는데, 이후 10년의 세월이 지났음에도 전자책 툴은 단 한 번도 만져보지 못했다. 아마 함께 수업을 들은 분들 모두 매한가지일 것이다. 회사 딴에는 큰돈을 들인 야심찬 프로젝트였을 텐데 안타깝게도 무용無用했다.

오늘날 많은 출판사에서 전자책을 유통하지만, 회사 내에서 자체적으로 전자책을 제작하는 출판사가 있다는 이야기는 들어보지 못했다. 보통은 전자책 제작 업체에 외주를 맡긴다. 그렇다면 왜 당시 그 많은 출판인이 가산디지털단지에 모여 전자책 툴을 익혔을까. 내가 다니던 회사는 무슨 계획을 구상했기에 편집부 직원 10여 명에게 전자책 제작 수업을 들으라고 했을까. 스마트폰이라는 존재가 일종의 혁명이고, '이제 곧 전자책 시장이 종이책을 섭렵해버릴지도 모른다'는 막연한 두려움이 출판계를 덮치던 때라 살길을 강구하던 회사가 편집자를 그 수업에 몰아넣지 않았나 짐작할 뿐이다. 아마 '종이책 만들기'나 '전자책 만들기'나 똑같이 책 만드는 과정이니 편집자가 익히면 되겠거니, 예상하지 않았나 싶다.

팔자에도 없던 가산디지털단지에서의 경험은 코미

디 한 장면처럼 머릿속에 각인되었다. 어디다 어떻게 써먹을지 알 수 없지만 일단 배우라니. 심지어 그 수업에는 자비로 수업을 듣는 소규모 출판사 대표도 꽤 많았다. 이 에피소드는 출판이라는 아날로그 시장이 디지털의 침공에 얼마나 속수무책인지 보여주는 단편적인 장면이 아닐까 싶다.

캐나다 논픽션 작가 데이비드 색스의 《아날로그의 반격》에서는 디지털 시대에 아날로그 방식을 고집해 성공한 10여 가지 사례가 등장한다. 디지털 세계에서 꾸준히 몰스킨 다이어리를 활용하는 테크 기업 직원, '힙하다'며 열심히 LP판을 사 모으는 10대들, 인터넷 서점인 아마존의 위엄 앞에서도 계속 늘어나는 미국의 독립서점들, 오직 그 지역 노동자의 손으로 만들어 명품으로 취급받는 디트로이드 지역의 시계, 가장 디지털 친화적인 환경에서 일하면서도 매일 일정 시간을 명상에 할애하는 실리콘밸리 직원 등 책 속에 등장하는 이들은 모두 디지털이 결코 주지 못하는 경험을 얻기 위해 아날로그 주변을 떠돈다.

아날로그로 성공한 이 사례들이 출판의 미래에 던지는 시사점은 상당하다. 디지털의 침공을 디지털 방식으로 막으려는 시도는 실패할 수밖에 없다는 점이다. 혼란만 있고 방향성과 구체적인 계획이 없다면 종이 책 만드는 편집자에게 '3G 시대를 맞이해 전자책 툴을 익히라'는 엉뚱한 주문을 던질 확률이 크다. 이보다는 종이책만이 선사하는 아날로그 감성에 집중하는 편이 낫지 않았을까.

스마트폰으로 뭐든지 할 수 있는 세상이다. 게임부터 각종 SNS에 유튜브까지, 출판을 위협하는 존재는 무궁무진하다. 책처럼 느린 매체가 아무리 쇄신한다 해도 눈과 귀를 사로잡는 신매체들과의 대결에서 어떻게 이길 수 있을까. 한국인 열 명 가운데 네 명은 1년에 책을 한 권도 읽지 않는 세상이다. 디지털과 동일한 방식보다는 차라리 아날로그만의 독창성을 강점으로 내세워 책만의 특징을 살릴 방도를 고민해야 맞지 않나 싶다.

지금은 시들해졌지만 몇 년 전만 해도 컬러링북이나 필사 책 등이 출판계를 주름잡던 때가 있었다. 누군가는 '저것도 책이냐'며 출판의 귀함이 사라지고 가벼움만 남았다고 한탄했지만, 나는 그것이 책의 또 다른 가능성이라고 생각한다. 독자를 책 바깥에 놓고 지식을 일방적으로 주입하는 방식이 아닌, 직접 체험하도록 판을 벌이는 책들이었기에 시장에서 유효한 반응을 보인 것이다. 이런 책들의 성공을 보며 '출판이란 무엇인가' 운운하고 한탄할 시간에 내 책이 어떻게 독자에게 가닿을지 고민하는 편이 낫다.

디지털 세상임에도 소비자가 아날로그를 놓지 않는 이유는 '경험'으로 압축할 수 있다. 손으로 만지고 느끼는 그 접촉면을 디지털 세계는 결코 흉내 낼 수 없다. 컬러링북 유행에 편승해 수많은 컬러링 앱 게임이 출시되었으나 큰 방향을 불러일으킨 경우는 드물다는 사실을 돌이켜보면 상황이 분명해진다. 이것이 바로 아날로그인 책이 해낼 수 있는 필사의 반격이 아닐까.

'단군 이래 최대의 불황'이라는 말은 내 선배들이 신입일 때도 들은 말이고, 나 역시 신입 때부터 꾸준히 들어왔다. 어쩌면 이 업계가 사라질 때까지 영원히 운운될 말일지도 모른다. 이 불황은 어쩌면 출판이 변화를 싫어하고 안정을 추구하기 때문은 아니었을까.

베스트셀러 목록을 함께 들여다보는 자리에서 "여기서 '진짜 책'이 아닌 경우는 빼고 세보자"는 말을 들은 적이 있다. 이런 태도는 출판의 파이를 키우는 데 하등 도움이 안 된다. '진짜 책'이라는 기준도 모호할 뿐더러, 그런 실랑이를 벌일 시간에 책의 가능성이 어디까지 뻗어갈지 고민하는 편이 낫다. 그 가능성이 컬러링북이든 필사책이든 다이어리든 전자책이든 굿즈든 간에 독자가 원한다면 충분히 변할 수 있는 게 아닐까. 책은 독자에게 가닿기 전에는 존재 이유를 증명할 수 없기 때문이다.

컬러링북 한 권을 사기 위해 1년 만에 서점에 들른 독자가 있다면, 그 경험이 다른 책을 만날 가능성을 넓혀줄 것이다. 파이는 이렇게 키워야 한다.

침묵은 결코 날 지켜주지 못한다

10여 년 전 일이다. 남자 부장이 K 선생과 얽힌 스토리를 전해주었다. 5년 전에 계약했는데 아직 원고를 받지 못했다고 했다. "지은 씨가 앞으로 담당이니까 원고 꼭 받아와"라며 가벼운 압박도 주었다. 그 회사에 10년 넘게 다닌 최고참 부장도 받지 못한 원고를 일개 신입 직원이 어떻게 받나 의문이지만, 당시에는 생각이 거기까지 미치진 못했다. 그저 '선생에게 잘 보여서 원고를 꼭 받아와야지' 다짐할 뿐이었다.

K 선생은 음흉했다. 작업실에 들어선 순간부터 나올 때까지 두 시간 동안 온갖 성희롱을 들었다. "애인은 있냐", "얼굴에 이렇게 색기가 흐르는데 왜 없을까", "결혼은 안 해도 아기는 낳아, 내가 (아기 가지는 걸) 도와주면 되

겠다", "같이 1박 2일 놀러 가자", "말러 음악이 듣고 싶으면 밤에 혼자 와라" 등 지금도 잊히지 않는 수많은 성희롱 발언을 남발했다. 필터링 없는 말들도 당황스러웠지만, 옆에 상사도 가만히 있는데 내가 정색해도 되는지 감이 잡히지 않았다. 그저 '이 선생한테 원고 꼭 받아야 하는데. 잘 보여야 하는데'라는 생각만 머릿속을 떠돌았다.

저자가 1박 2일로 강원도에 있는 모 동굴에 가자던 순간이었다.

"근데 내가 운전을 못 해. 지은 씨 운전할 줄 알아?"

순간의 기지로 남자 부장에게 SOS를 쳤다.

"부장님이 운전할 줄 아니까 같이 가세요."

부장은 1초의 망설임도 없이 정색하며 거절했다.

"내가 가면 재미없지."

이 한 마디는 그 공간에 내 편이 없음을 직감하기에 충분했다. 미팅을 마친 뒤 부장은 말했다.

"앞으로 저 선생은 지은 씨 혼자 만나면 안 되겠다."

'저 인간이 내게 저러면 안 된다는 걸 부장도 아는구나. 눈치가 없는 게 아니라 알고도 가만히 있었구나.' 비겁한 인간이었다. 고작 원고 하나를 받겠다고 신입 직원을 능구렁이 소굴로 내몰았음을 깨달은 순간 그 회사를 그만두기로 결심했다. 일개 직원마저 지키지 못하는 회사에 몸담을 이유는 없다. 그 회사는 직원 하나를 잃었고, 내가 퇴사한 이후로도 저자에게 해당 원고를 받지 못하고 계약해지했다.

경력이 조금 더 쌓인 이후에 비슷한 경험을 했다. O 선생은 자꾸만 미팅을 밤에 잡았다. 만나면 술을 마시려고 했다. 한번은 술에 취해 전화를 걸고 '우리는 사르트르와 보부아르 같은 사이가 되자'고 메시지를 보냈다. 새벽에 온 그 문자에 답장하지 않았다. 다음 날, 메일이 왔다. "죄송합니다. 제가 술에 취해서…"로 시작하는 내용이었다. 직속 상사 세 명을 참조로 넣은 뒤에 해당 메일의 답변을 보냈다. 긴 말은 쓰지 않았다.

"선생님께서 말씀하신 부분, 참고하겠습니다."

그 이후로 O 선생의 행패는 끝이 났다. 나에게 티가 나게 냉랭해졌지만 신경 쓰지 않았다. 담당 편집자를 적으로 만들면 저자도 손해니까.

K 선생과 O 선생 사이에는 어떤 차이가 있을까. 가장 큰 차이점은 내가 나를 지키는 법을 배우기 전후였다는 사실이다. 안전과 명예를 상사에게 맡겼을 때는 농락당했다. 내가 나를 지키겠다고 결심한 순간부터는 오히려 안전해졌다.

다음으로 저자에게 주눅 들지 않았다는 점이다. 나와 K 선생의 권력관계는 기울어져 있었다. 나는 '저 사람에게 원고를 받아야 하는데'라는 생각에 전전긍긍했고, 선생은 그런 내 마음을 이미 간파했다. 비록 허수아비 같은 존재였어도 남자 상사와 함께했으니 망정이지, 혼자였다면 더 큰 일이 생겼을지 모를 일이다. 반면에 O 선생과 나의 관계는 어느 정도 동등했다. 나는 '이 선생의 책을 잘 만들어야 할 텐데'라는 생각보다는 '책이야 엎어져도 그만이다'라고 생각하고 있었다. 밤에 미팅하자는 제안을 거절했고, 그의 술 권유에 맞장구해주는 대신 사이다를 시켰다. 밤에 보내는 메시지는 확인하지 않았다. 사장 지인만 아니면 대대적으로 망신을 주었을 텐데. 점점 정도를 넘어서서 상사에게 보고하려던 찰나에 자신의 치부를 드러내는 메일을 보냈기에 그대로 공개해버렸다.

신입 때는 저자나 상사가 너무나 큰 존재처럼 보인다. 상대의 말을 듣지 않으면 계약이 어그러져 책이 출간되지 못하고 회사에서 쫓겨날 것 같은 압박을 받을 때가 있다. 그렇지 않다. 설사 상대의 무리한 요구를 수락하지 않아서 출간이 무산된다고 해도 그 리스크를 직원이 감당할 이유는 없다. 그 압박 앞에 직원을 방패막이 삼는 회사는 기꺼이 그만둬도 괜찮다.

안다, 말보다는 침묵이 쉽다는 사실을. 상대가 몇십만 부 베스트셀러 저자라면, 내 평가를 담당하는 상사라면, 한 달 월급으로 한 달 생활하는 상황이라면 직접 목소리를 내는 행위가 이내 두려워진다. 말과 행동을 위해서는 자신을 드러낼 수밖에 없기 때문이다. 그럼에도 불합리한 상황에서 목소리를 내는 편이 스스로에게도 유리하다는 점만은 변하지 않는다. 저자와 편집자, 상사와 부하직원의 권력관계는 일정 부분 기울어진다. 어린 데다가 여성이라면 더 쉽게 대하는 경우도 많다. 유명한 작가 선생이 신입 편집자를 지목해서 자기 집으로 출퇴근시키고 정원의 감을 따게 했다느니, 편집부 사무실에 찾아와 담당 편집자에게 두피 마사지를 요구했다는 이야기는 출판계 전설처럼 내려오는 사실이다. 나도 신입 시절 "너, 이 업계가 얼마나 좁은 줄 알아?"라고 말하는 선배 스토커에게 제대로 반항하지 못한 경험이 있다. 이런 환경이 난무하는 상황에 나를 지켜줄 사람은 오직 자기 자신밖에 없다.

침묵은 또 다른 피해자를 생산한다는 점에서도 부정적이다. 나에게 성희롱을 일삼던 K 선생은 이성을 유혹하는 인문학적 스킬을 담은 책까지 출간했다. 해당 책을 발견했을 때 느꼈던 모멸감을 기억한다. 내가 목소리를 내었다면 어떻게 되었을까. 적어도 그 정도 자신감을 바탕으로 수많은 피해자를 양산하는 지경만큼은 막을 수 있지 않았을까.

오드리 로드는 《시스터 아웃사이더》에서 침묵은 절대 나를 지켜준 적이 없다고 했다. 그는 "침묵한다면 결코 온전한 인간이 될 수 없다"고까지 이야기한다. 반면에 말할수록 다른 사람들과 연결될 수 있다고 주장한다. 불합리에 기꺼이 목소리를 낸다면 그 순간만큼은 우리가 서로를 지킬 수 있다고 믿는다. 우리의 목소리는 우리가 더 안전한 환경에서 일할 토대를 마련해줄 것이다.

회사가 날 어떻게 대할지는
내가 결정한다

수십 년 전통을 자랑하는 인문 출판사에 근무한 적이 있다. 파주 출판단지의 큰 틀을 잡은 입지전적 인물이 사장인 회사였다. 입사하기 전에 사장이 직접 쓴, 회사의 역사가 담긴 책을 면접비 대신 받았다. 이렇게 명성 높은 출판사에서 일할 수 있다니, 내가 이 회사 직원이라니. 스스로가 대견하고 자랑스러웠다.

　안타깝게도 애사심은 오래가지 못했다. 나는 전 직장에서 잘 훈련받은 탓에 한 권의 책을 혼자 진행할 수 있었으나, 면접 때부터 '분야가 다르다'는 이유로 대학을 갓 졸업한 신입으로 취급했고, 그에 준하는 연봉을 요구받았다. 사장 면접 때는 "다른 회사 다닌 애들은 엉덩이가 가볍고 배신 잘하는데"라는 말을 들었다. 입사 후 타 부서에 인사

시킬 때 상사는 "이 친구는 출판경력 2년차이지만 분야가 다르니 신입이야"라고 못을 박았다. 회사는 내가 언제든 대체 가능한 존재라는 메시지를 수시로 보냈다. 그곳에서 자존감은 한없이 내려앉았다. 나는 회사를 마음껏 사랑할 준비가 되어 있는 사람이었는데.

사장은 늘 두루뭉술하게 지시했다. 대뜸 편집부에 전화해서 "그거 어디 있나?"라고 물었다. 그렇게 말하면 상사들은 신기하게도 '그거'를 찾아내 가져다줬다. 나는 저 자리에 가면 '그거'를 찾을 수 있을까 생각하면 고개가 저어졌다.

오후 6시가 되면 편집부 막내가 자리에서 일어나 "야근 밥 시킬 분 계세요?"라고 외쳤다. 밥은 회사 근처 김밥집에서만 주문했다. 편집부 직원 열에 여덟이 야근 밥을 신청했다. 당시에 나는 출퇴근으로만 네 시간씩 할애하던 관계로 야근 대신 일거리를 싸들고 다녔다. 한번은 상사가 부르더니 "지은 씨, 집이 먼 줄은 아는데 남들 보는 눈이 있으니까 야근 좀 해"라고 압박했다. "그럼 일이 없어도 야근해요?"라고 물었지만 답변은 듣지 못했다. 이후로는 정시 퇴근에 눈치가 보이고, 야근이 늘기 시작했다. 야근 밥은 김밥집에서 제일 비싼 돌솥비빔밥을 시켰다. 7,000원이었다. 야근수당도 없는데, 그거라도 먹어야 그나마 덜 억울할 것 같았다.

편집부 내 제일 직급이 높은 상사는 "요즘 애들은 금요일 6시만 되면 눈이 반짝해서 어디로 그렇게 가나 몰라"하며 "나 때는 침낭 놓고 편집부 책상 뒤에서 잤다"는 말을 자랑스럽게 했다. 그럴 때면 '그럼 혼자 계속 책상 뒤에서 안녕히 주무시라'는 말이 자꾸만 입 밖으로 나오려 했다.

가장 이상한 점은 수십 년 된 회사에 중간 경력자가 없다는 사실이었다. 편집부에는 10년 이상 근무한 장기근속자와 대학을 갓 졸업한 신입뿐이었다. 고작 2년차인 내게 자꾸 "이 팀의 허리가 되어야 한다"고 요구했다. 연봉협상 때는 "분야가 다르므로 신입"이라더니.

고압적이고 경직된 회사가 답답해 자꾸만 스프링처럼 튀어 올랐다. 무리한 요구에는 '못 해요'라고 말했고, 할 수 있을 때만 '해보겠다'고 대답했다. 그러면서 의욕은 또 넘쳐서, 시키지도 않은 기획을 하겠답시고 퇴근 후 파워블로거와 미팅을 잡기도 했다. 저자와 협의한 기획안을 상사에게 내밀었더니 "지은 씨, 모르는 사람 인터넷에서 만나면 위험해"라는 답변을 들었다. 내 기획이 부족해서였을까. 그럼에도 내가 상사였다면 후배 기획의 어디가 부족해서 책이 될 수 없는지 말해주었을 것 같다. 그날 이후 퇴사 전까지 그 회사에서 한 번도 기획을 시도하지 못했다.

자꾸 삐딱선을 타는 내 모습에 불안했는지 한번은 회

사 동료가 나를 불러다가 앉혀놓고 이런저런 이야기를 해주었다. 스프링처럼 튀어 오르던 몇몇 직원이 있었다고, 노조를 만들려던 움직임도 존재했다고 했다. 사장은 노조를 세우려던 이들을 전부 내쫓았고, 자꾸만 '아니오'를 외치는 편집부 부장을 내보내기 위해 당시 차장을 부장으로 승진시키고 모든 업무지시를 새 부장에게 내렸다고 한다. 기획도 편집도 탁월했던 전 부장은 부침을 견디지 못하고 회사를 떠났다. 그 학습효과로 결국 일이 없어도 야근하는 사람들만 남았다는 이야기였다.

모두를 위해 목소리를 높이다가 혼자 내쫓긴 기분은 어떠했을까. 남은 이들을 비난할 생각은 없다. 그들에게도 밥벌이는 소중할 테니까. 가족과 자신의 자리를 지키기 위한 불가피한 선택이었으리라.

그럼에도 의문은 남는다. 새 부장은 승진했으니 기뻤을까. 새 수장을 모시게 된 다른 이들은 이제 평화가 왔다고 좋아했을까. 분명 아니었을 것이다. 용감한 한 사람을 지키지 못한 회사는 점점 더 경직되어 "그거 어디 있어?"라고 말하면 곧바로 '그거'를 갖다드리기 위해 최선을 다하는 일명 '사축의 장'이 되어버렸다. 시키지 않아도 알아서 야근하고, 사장이 던지는 낡은 기획을 책으로 만들기에 급급한 편집부. 경력자들은 이 회사가 일반적이지 않음을 눈치채고 금방 "배신을 하니" 남는 이는 이력이 필요한 신입과 회사에 길들여진 10년 이상 경력자뿐이었던 것이다. 한 사람을 지키지 못한 대가로 사내 분위기는 점점 더 삭막해졌고, 회사는 스스로 개선할 가장 큰 기회를 놓쳤다.

회사가 나를 어떻게 대할지는 내 행동으로 결정된다. 퇴직금 포함 13분의 1로 연봉을 나눠서 주어도 '이건 아니다'라고 말하지 않으면 계속 13분의 1로 줄 것이고, "넌 경력이 있지만 신입이야"라는 말에 항의하지 않으면 계속 후려치기 당한다. 연봉을 13분의 1로 나누어 준다면 노동부에 신고하고, 연봉은 '이 이하는 어렵다'고 마지노선을 정해야 했다. 이렇게 나의 노동을 인정하라고 요구해야 했다. 나는 일을 하고 그에 대한 정당한 대가를 받으러 들어왔지, 용돈 받으며 공부하는 게 아니니까.

만화 《송곳》의 주인공 이수인 과장은 노동상담소 고구신 소장에게 묻는다. 프랑스 회사는 노조에 우호적이라는데 왜 프랑스 회사, 프랑스인 점장이 노조를 거부하느냐고. 이 질문에 고구신 소장은 "사람들은 대부분 그래도 되는 상황에서는 그렇게 되는 거"라고 대답했다. '얘한테는 그래도 되니까'라고 생각한다니 얼마나 슬픈가. 내 노동의 가치를 폄하하는 회사와 함께할 이유는 없다.

이후에는 불합리 앞에 몇 번 더 솟아오르다가 2년여 만에 그 회사를 그만두었다. 개선될 여지가 없다면 얼른 손 씻고 나오는 것도 나름의 용기라고 중얼거리면서. 파주를 떠올리면 너무도 추웠던 겨울과 절간처럼 고요했던 편집부, 늦게 도착해 퍼져버린 돌솥비빔밥과 무기력한 부장의 얼굴이 교차된다.

퇴사는 답이 아니다

문제를 발견했을 때 어떻게 해야 할까. 상황 파악이 우선이다. 시스템 문제인지 개인의 잘못인지 확인해야 한다. 해결방안은 이후에 모색한다. 본인 선에서 처리할 문제라면 정리 후 상사에게 보고하고(이차저차해서 문제가 생겼고, 이후 어떠어떠한 절차를 거쳐 처리했습니다), 윗선의 결단이 필요한 문제라면 바로 직속 상사에게 상황을 공유한다. 상사가 사태를 파악하고 관련 조치를 취해 윗선에 보고하는 편이 가장 모양새가 좋다. 그다음은 결정권자의 결정을 지켜보고, 필요하다면 자료를 정리하거나 정황을 설명할 것이다. 제대로 된 회사라면 이 절차가 체계화되어 있을 테고, 경험이 짧아 이런 절차가 없다면 이번 기회에 세우면 된다.

문제는 회사에 말하기 껄끄럽다는 이유로 본인 선에

서 대충 수습한다든지, '말해도 안 바뀔 거야'라는 비관주의에 머무는 상황이다. 이는 개인에게는 물론 회사에도 좋지 않다. 함께 성장할 기회 자체를 빼앗기 때문이다.

모 출판사에 다닐 때다. 사람들은 회사를 그만두고 싶다는 말을 밥 먹듯이 했다. 상사는 본인이 책임질 일이 발생할 때마다 "팀 없이 혼자 교정만 보고 싶다"고 수시로 말했다. 그 말을 들을 때마다 내가 마치 그를 방해하는 혹 같은 느낌이 들었다. 기존 직원들은 의욕이 없고, 새로 들어온 직원들은 한 달이 멀다하고 수시로 바뀌었다. "여기는 직업학교야. 2년 넘으면 유급이지"라는 말을 농담으로 주고받고, 그만둔다는 사람에게는 "졸업 축하해요"라는 말을 덕담으로 건네었다. 서른 명이 안 되는 규모의 출판사에 2년 동안 그만둔 사람의 수가 스무 명 남짓 되었다. 무려 한 달에 한 명꼴이다. 직원들은 회사의 낡은 시스템에 짓눌려 있었다. 친한 디자이너는 내게 "노력하지 마. 자아실현은 퇴근 후에나 하는 거야"라고 말했다. 한 달에 20일 이상, 하루 여덟 시간 동안 나를 내려놓아야 한다니. 매일 가슴팍에 사표를 넣고 출퇴근하는 회사원이 바로 나라니.

당시에는 그 디자이너의 말이 슬프지만 옳다고 생각했다. 어찌됐든 나는 회사원이니까, 순응하는 게 맞다고 스스로 합리화했다. 덕분에 마음은 한결 편해졌다. 그렇게 영혼을 내려놓고 그 회사를 다녔다.

언젠가 새로운 경력자가 옆 팀에 입사했다. 나이도 나보다 열 살 많고 목소리도 믿음직스러운 데다가 말 한마디에 연륜이 느껴지는 분이었다. 한번은 그분이 내게 편집 배열표 샘플을 공유해달라고 요청했다. 편집 배열표란 간단히 말해서 '책의 흐름을 한눈에 들여다보기 위해 작성하는 표'다. 몇 페이지에 무엇이 있는지 배열표를 보면 한눈에 파악된다. 책은 한 페이지씩 만들지 않는다. 보통 한 장짜리 큰 전지를 열여섯 페이지로 접어서 사용한다. 이때 종이를 잘못 접으면 페이지가 꼬인다. 편집 배열표는 각 페이지가 배열되는 판인 일명 '하리꼬미'를 확인하기 위함이다. 하리꼬미가 헷갈릴 때 인쇄소·제본소에서 이 편집 배열표를 확인한다. 요즘에는 필름에서 CTP로 출력 기술이 이전되면서 편집 배열표를 요구하는 인쇄소와 출력소는 드물어졌다. 그럼에도 종이 손실을 최소화하고 백면 위치를 확인하는 데 적합하다는 이유로 편집 배열표를 작성하는 편집자도 여전히 존재한다.

그 경력자에게 편집부 사무실 제일 안쪽, B4 전지를 묶은 파일 철을 펼쳐 보여주었다. 노란 갱지를 엮은 배열표 다발이 빼곡하게 채워진 공간이었다. 이 갱지에 수기로 적고 작업이 끝나면 배열표를 철해놓으라고 했더니 그분의 표정이 약간 굳어졌다.

"손수 적는다고요?" "네." "한글이나 워드 파일 없을까요?" "음, 그런 파일은 없는데⋯." "아, 네. 일단 알겠습니다."

그분은 서둘러 편집부를 빠져나갔다.

다음 날, 메일이 한 통 왔다. 발신자는 신규 입사한 경력자이고, 수신자는 편집부 전체였다. 메일에는 본인이 파일을 하나 만들었는데, 혹시 다른 분들도 필요할까 싶어 공유한다는 내용과 함께 워드 파일이 하나 첨부되어 있었다. 직접 만든 편집 배열표였다. 그 회사에서 30여 년 동안 쓰던 갱지 편집 배열표가 그날 이후 그 워드 파일로 바뀌었다.

그날의 사건은 내 생각을 전환시켰다.

'불편하면 대안을 만들어 제안하면 되는구나.'

문제에 부딪혔을 때 누군가는 포기하고, 누군가는 스스로 움직인다. 회사와 자신을 더 나은 방향으로 만드는 쪽이 누구인지 답은 분명하다.

가끔 농담 반 진담 반으로 "이번 생은 망했어"라고 외치는 친구들이 있다. "퇴사가 답"이라는 말도 수시로 내뱉는다. 사회도 퇴사를 종용한다. '퇴사' 키워드를 앞세운 책이 줄줄이 출간된다. 한데 과연 퇴사가 답인가? 여러 출판사를 전전하면서 내가 내린 결론은 '어느 회사나 문제는 있다'는 것이었다. 물론 내 경험이 정답은 아니겠지만, 100군데를 다녔다고 해도 완벽한 회사를 찾지는 못했으리라 확신한다. 퇴사만이 답인 경우도 있겠지만, 퇴사라는 선택이 답인지 도피인지는 문제를 개선하려 노력한 뒤에 자문해도 늦지 않다.

자조적인 말이 나오는 상황과 이유를 이해한다. 나도 당시 '갱지 배열표 출판사'를 다닐 때 "이 업계는 답이 없다"는 말을 수시로 했다. 그런데 이상하게도 그런 말은 내뱉을수록 오히려 나를 수렁으로 밀어뜨렸다. 정말 답이 없는 것 같았고, 그런 업계가 싫어졌고, 그런 업계에 있는 나도 싫어졌다. 지나친 긍정주의도 문제지만 비관주의도 스스로를 파멸로 몰아넣기에 얼마나 쉬운지 모른다.

주어진 조건을 순순히 받아들이고 체제에 순응하는 사람에게 기적은 일어나지 않는다. 디지털 시대에, 원고도 컴퓨터 한글 파일로 주고받던 때에 회사가 갱지에 수기로 편집 배열표를 쓰라고 했다고 그대로 사용하는 회사에 어떤 변화가 일어날 수 있을까. 그저 천천히 침체될 뿐이다.

변화는 오히려 법을 깨뜨리고, '왜 이렇게밖에 못 하지?' 의문을 가지는 사람에게서 일어난다. 누군가가 정하면 따라야 한다는 법은 없다. "합당하지 않은 사소한 법들을 매일 어기도록 하세요." 미국의 인류학자 제임스 스콧은 이렇게 말했다. 이 말을 소개하는 후지이 다케시는 《무명의 말들》에서 주권을 행사한다는 것은 법 바깥에서 스스로 법을 만드는 것을 의미한다고 말했다. 당장에는 법을 어기는 것 같아 보이는 행위들이 새로운 법을 탄생시키며, 그것이 바로 정치라고 했다. 변화는 '이건 아니지'라고 느끼는 이들의 실천에서 온다.

품속의 사직서를 꺼내야 하는 순간

이직이란 다섯 손가락이 접히기 전까지만 쓸 수 있는 무기라는 글을 본 적이 있다. 은퇴 전까지 다섯 번 이상 이직하지 말라는 뜻이다. 일리 있다. 회사 다섯 군데를 1년씩 다닌 7년차 편집자와 한 회사를 6년 다닌 7년차 편집자 가운데 후자를 선호할 수밖에 없으니까.

저 말에 동의하지만 막상 내 경우에는 신중을 따지며 이직할 형편이 못 되었다. 다섯 번의 이직 가운데 자의로 사직서를 내민 경우는 두 번이다. 두 번의 부당해고와 한 번의 직장 내 괴롭힘으로 도망치듯 빠져나왔다.

생각해보면 머릿속에서 '얼른 도망쳐'라고 외치는 순간들이 있었다. 당시에는 그 신호를 감지하지 못했다. 책이 좋아서, "일도 배우면서 돈도 주니 얼마나 좋아"라는 사장의 말에 일부분 동조해서 묵묵히 자리를 지켰다. 미련하게 견디지 말고 즉각 움직였으면 얼마나 좋았을까. 정유민 편집자가 《출판, 노동, 목소리》에서 언급한 것처럼 "책, 그게 뭐라고. 나보다 중요해? 사람보다 중요해?" 스스로에게 외쳤다면 나는 나를 지킬 수 있었을 것이다. "책에 강요된 숭고한 자세를 버리고", 위대한 지식산업과 출판정신이라는 환상도 잊고, 이 일 또한 "사람과 사람 사이를 잇고 유연하게 일이 진행되게 만드는 정신노동"의 하나임을 일찍 깨달았으면 받지 않을 상처였다.

도망치라는 신호는 대체로 비슷했다. 첫 번째 신호는 '상사'다. 나쁜 상사는 문제의 책임을 아랫사람에게 떠넘긴다. 저자에게 성희롱이나 스토킹 등의 험한 일을 당해도, 일에 치여 힘들다는 하소연에도, "나도 힘들어"라고 대꾸하는 이들을 만났다. 한번은 저자의 업무를 대행하다가 저자 지인으로부터 상스러운 욕과 험한 모욕을 당한 적이 있다. 억울한 마음에 혼자 화장실에서 울다가, 이건 저자에게 알려 사과받아야 하는 문제라는 결론을 내렸다. 당시에는 저자와 직접 소통할 수 없는 위치라 소통자인 상사에게 보고했다. 눈물 콧물 다 빼며 열변을 토했는데, 이후 가타부타 말이 없었다. 며칠 뒤에 저자한테 알렸냐는 내 물음에 상사는 "아니"라는 짧은 대답으로 대화를 종료했다. 자기 직원이 당한 피해보다 저자의 심기를 건드리는 쪽이 더 무서웠던 것이다. 합리적인 저자라 내가 당한 일을 알았다면 분명 즉각 사과했을 것이다.

불합리 앞에 자기 직원을 지키지 않는 상사는 정작 본인이 위기에 빠지면 아랫사람을 방패막으로 삼을 확률이 높다. 팽당하기 전에 '손절'해야 한다.

다음 신호는 '나를 볼트·너트쯤으로 생각한다'는 느낌이다. 모 회사를 다닐 때는 '이 자리를 들어오고 싶은 사람이 얼마나 많은지 아느냐'는 분위기가 늘 팽배했다. 한번은 새로 입사한 인턴들에게 상사가 "둘 중에 한 명만 정규직 될 텐데 왜 친하게 지내? 둘은 경쟁관계야"라고 정색하는 모습을 보았다. 매사에 '잘못하면 잘린다', '너는 얼마든지 대체 가능하다'는 분위기로 직원들을 경직시켰고, 잘못한 것도 없는데 매일 주눅 들게 만들었다. 이런 상황에 수시로 노출되면 노동의 대가인 월급을 받아도 '이것만으로도 감사하다'라는 노예근성이 싹튼다. 이 감정이 만성화되기 전에 이직해야 한다.

다음 신호는 '책을 빨리 만들 것만 강요'하는 경우다. 빨리 만들라는 주문은 책을 그저 밀어내기에 바쁜 회사라는 의미다. 출판은 기본적으로 위탁판매라, 서점이 책을 지금 주문해도 언제 대금을 받을지 파악하기 어렵다. 서점마다 500만 원, 1,000만 원씩 매출을 깔아놓고 그 금액이 넘으면 정산이 이루어진다. 신간이 없으면 정산받지 못하기도 한다. 이렇다 보니 회사 입장에서는 원고 질에 상관없이 빨리 출간하는 게 단기 매출을 상승시킬 가장 확실한 방법이다. 기본 부수는 배본되니까. '출판사는 망하기 전날까지 책을 낸다'는 우스갯소리는 이런 현실을 반영한다. 그런 회사에 입사한다면 매일같이 본인을 갈아 책을 만들어야 하는 육체적인 노동뿐 아니라, 회사의 존폐 위기를 걱정하는 심리적인 노동까지 겸해야 한다.

'빨리빨리'만 외치는 회사를 거르는 방법은 의외로 간단하다. 먼저 출간 리스트를 살펴본다. 1년에 몇 권 출간되는지 인터넷 서점에서 '출시일순'으로 확인한다. 요즘에는 브랜드를 몇 개씩 나누어 출간하니, 아예 회사 홈페이지에서 살펴보는 것도 좋다. 다음으로 편집부 인원을 살핀다. 판권면에서 직원 수를 세거나, 출판계 지인에게 물어보는 것도 방법이다. 1인당 1년에 6종 내외면 적절하다(성인 단행본 기준). 1년에 6종도 두 달에 한 권 출간하는 꼴이고, 기획과 마케팅도 겸한다면 빠듯한 일정이다. 아예 면접 자리에서 1년에 1인당 몇 종 출간하는지 질문해도 실례되지 않는다. 책을 쏟아내는 출판사는 이 질문에 불쾌해할 수도 있다. 불쾌해한다면 서로 시간낭비할 일 없으니 오히려 다행이다.

또 하나의 이직 신호는 '월급 정산'이다. 월급은 회사 경비에서 우선적으로 할애하는 비용이다. 어느 회사든 인쇄소나 제본소, 저자 인세보다 직원의 월급을 먼저 정산한다. 월급이 제때 입금되지 않거나 날짜가 밀린다면 현금이 말랐다는 증거다. '괜찮아지겠지' 하다가 회사가 파산하면 밀린 월급에다가 퇴직금까지 잃는다. 회사가 파산하면 직원들을 모아 집단 소송도 준비하고 새 일자리도 찾는 등 머리가 이중으로 복잡해진다. 월급이 두 달 이상 밀린다면 서둘러 짐을 싼다.

이 정도로 급박하지 않은 이상 미리 옮길 곳을 결정한 뒤에 이동하는 편이 낫다. 나는 소속이 없으면 자꾸만 불안해졌다. 급한 마음에 맞지 않을 게 빤한 회사에 기어이 발을 들이기도 했다. 결국 자존감이 무너질 대로 무너진 상태에서 다시 그만두었지만. 그 전에 미리 준비해두면 좋겠다. 사람 일도 회사 일도 어떻게 될지 모른다. 그러니 최소 6개월 생활비 정도는 따로 모아놓아야 한다. 돈이 없으면 조급해지고, 이 조급함이 결국 잘못된 선택으로 이끈다.

이직할 때는 한 달 전에만 회사에 통보하면 된다. 새 직장에는 현재 재직 중임을 밝히고 이전 회사에서 인수인계할 시간을 달라고 하면 대부분 수용한다.

우려 차원에서 사족을 붙인다. 불합리 앞에서 이직만이 정답은 아니다. 이직을 결심했다면 미련도 없을 테니, 적어도 한 번쯤은 함께하는 동료와 나 이후의 사람들을 위해 불합리하다고 말하는 의리 정도는 지켜주면 어떨까. 지레 짐작하고 포기하지는 말자는 의미다. 한 명의 목소리가 의외로 개선의 불씨가 되기도 하고, 또 다른 목소리를 불러오기도 하니까. 그래도 안 되면, 그땐 '여기는 개선 불가능'이라 여기고 조용히 준비했던 사직서를 건네고 돌아나오는 것이다. 그까짓 책보다는 내가 훨씬 중요하니까.

미래는 없지만 동료는 있습니다

남자 연예인이 삼삼오오 모여 지방 어딘가에서 하룻밤을 보내는 예능 '1박 2일'에 시그니처 같은 문장이 등장한다. 강호동의 얼굴을 카메라가 클로즈업하면 그가 몸을 크게 부풀리고 온갖 손동작을 동원하며 큰소리로 그 문장을 입 밖으로 내뱉는다.

"나만 아니면 돼."

한때 즐겨 본 예능 '무한도전'에서도 "무한 이기주의"라는 문구가 자막으로 등장하곤 했다. 벌칙 게임에서 벌을 받는 마지막 한 사람이 되지 않기 위해 서로 안간힘을 쓸 때마다 언급된다. 텔레비전을 보며 함박웃음 짓고 있다가도, 그 자막만 등장하면 멈칫했다. 정말 나만 아니면 누가 걸려도 괜찮은가.

현실의 내가 벌칙을 피하는 쪽이었다면 그 문장 앞에서 박장대소할 수 있었을까. 나는 주로 벌칙을 받는 쪽이었다. 내 주변에는 온갖 잔망을 떨며 벌칙에 걸린 나를 희롱하는 이는 없었지만, 그 벌칙을 대신 맞아주는 이도 없었다.

오래 몸담았던 모 출판사에서는 직원을 평가하는 절대기준을 '매출'로 잡았다. '베스트셀러'와 동떨어진 분야의 편집자는 좋은 점수를 얻을 수 없었다. 내가 속한 팀은 '깔아주는 애들'이었다. "너희 팀이 매출 좀더 내서 우리 팀 목표 매출 좀 가져가라"는 말을 수시로 들었다. 분야의 한계를 말하면 분야를 바꾸라고 했다. 회사를 좋아했기에, 회사가 원하는 대로 나를 바꾸려고 노력했다. 결국 맞지도 않는 옷에 몸을 욱여넣은 꼴이 되었고, 나는 점점 슬퍼졌다. '난 잘하는 게 따로 있는데. 더 잘할 수 있는데.' 그럼에도 이 말을 밖으로 꺼내지 못했다. 내가 받은 벌칙이니까. 이건 복불복 게임이니까. 천하의 강호동도 담당 피디가 제안하는 게임 규칙을 바꾸지는 못하는데, 매출 평가 C를 받은 내가 도대체 뭘 어떻게 한단 말인가.

팀 안에서는 상대평가가 이루어졌다. 팀 성적이 B라면, 개인 평균이 B여야 했다. C를 받으면 내가 '그저 그런 존재'라는 사실에 좌절했고, A를 받으면 옆자리 동료의 안위가 걱정되었다. 어느 쪽도 기쁘지 않았다. 나는 '나만 아니면 돼'를 외칠 수 없는 사람이었다. 그걸 깨달았을 때 그 복불복 게임에서 하차했다.

당시에는 '그래, 어떤 시련이든 내게 주어지는 나름의 이유가 있겠지'라고 생각했다. 회사 밖 동료들도 모두 비슷한 어려움을 겪는 중이었으니까. 나처럼 A, B, C 등급을 노골적으로 나누어 받지는 않지만, 다들 입사동기, 옆자리 팀, 타 부서, 타 출판사와 꾸준히 비교당했다. '쟤들은 저렇게 하는데 너희는 왜 못 해?' 나만 받는 줄 알았던 벌칙을, 모두가 받고 있었다. 의문이 가시지 않았다. 왜 꼭 누군가가 벌칙을 받아야 하는가. 복불복 게임을 거부한다고 선언하면 안 되는가.

이 책을 쓸 때 담당 편집자는 내게 '출판의 미래'를 상상해봐달라고 주문했다. 우리 편집자에게는 비밀인데, 나는 그런 거창한 미래를 상상할 깜냥이 안 된다. 나는 작은 사람이다. 출판의 거대한 미래보다 우리의 작은 미래가 더 소중하다고, 그저 나를 대신해 C를 받은 누군가에게 지켜주지 못해서 미안하다고, 그 일은 결코 네 탓이 아니라고 말하고 싶을 뿐이다.

그럼에도 '출판의 미래'를 묻는다면, '같이'의 가치를 이야기하고 싶다. 경쟁과 줄 세우기로 일등과 꼴찌를 구분하는 일은 학창시절 경험으로 충분하다. 책의 중요성은 다양성이고, 그 다양성은 개성이 다른 우리가 서로 모여 만들어야 비로소 드러난다고 믿는다.

　우리는 우리를 위해 책을 만들었으면 좋겠다. 나만 아니면 된다는 말보다, 작더라도 조금씩 함께 가자는 말로 서로를 보듬어주었으면 한다. 혹시 누군가가 '너희 가운데 하나는 이 까나리액젓을 마셔야 해'라고 말한다면 모두 사이좋게 한 모금씩 나누어 마시는 것이다. 비위가 좋은 나는 당신보다 두 모금쯤 더 들이켤 수도 있겠지. 그러나 누군가가 이 벌칙을 독박 쓰게 놔두고 싶지는 않다. 나는 당신의 불행 앞에서 신명나게 춤추는 사람이기보다 기꺼이 함께 우는 사람이고 싶다.

참고 문헌

고아영 등저 《출판, 노동, 목소리》, 숨쉬는책공장, 2015.

공자 저, 김형찬 역 《논어》, 홍익출판사, 2016.

김동욱 《결국, 컨셉》, 청림출판, 2017.

김먼지 《책갈피의 기분》, 제철소, 2019.

김연수 《소설가의 일》, 문학동네, 2014.

김지수 《자기 인생의 철학자들》, 어떤책, 2018.

김필균 《문학하는 마음》, 제철소, 2019.

데이비드 색스 저, 박상현·이승연 역 《아날로그의 반격》, 어크로스, 2017.

레슬리 제이미슨 저, 오숙은 역 《공감 연습》, 문학과지성사, 2019.

류은숙 《아무튼, 피트니스》, 코난북스, 2017.

맹자 저, 박경환 역 《맹자》, 홍익출판사, 2005.

미노와 고스케 저, 구수영 역 《미치지 않고서야》, 21세기북스, 2019.

바라트 아난드 저, 김인수 역 《콘텐츠의 미래》, 리더스북, 2017.

박산호·노승영 《번역가 모모씨의 일일》, 세종서적, 2018.

빈센트 반 고흐 저, 신성림 편 《반 고흐, 영혼의 편지》, 위즈덤하우스, 2017.

서동진 《자유의 의지 자기계발의 의지》, 돌베개, 2009.

오드리 로드 저, 주해연·박미선 역 《시스터 아웃사이더》, 후마니타스, 2018.

유지원 《글자풍경》, 을유문화사, 2019.

은유 《글쓰기의 최전선》, 메멘토, 2015.

은유 《출판하는 마음》, 제철소, 2018.

이아림 《요가 매트만큼의 세계》, 북라이프, 2018.

이옥란 《편집자 되는 법》, 유유출판사, 2019.

임정민 《창업가의 일》, 북스톤, 2017.

전국언론노동조합 출판노조협의회 여성위원회 〈숨은 노동 일러두기〉, 2018.

정상우 《편집의 발명》, 지식의날개, 2010.

찰스 두히그 저, 강주헌 역 《습관의 힘》, 갤리온, 2012.

최규석 《송곳》, 창비, 2017.

츠즈키 교이치 저, 김혜원 역 《권외편집자》, 컴인, 2017

하지현 《고민이 고민입니다》, 인플루엔셜, 2019.

후지이 다케시 《무명의 말들》, 포도밭출판사, 2018.

편집자의 마음 공감하고 관계 맺고 연결하는

1쇄 발행   2020년 4월 16일

지은이   이지은
편집   함혜숙
디자인   오컴의 면도날
제작   제이오

펴낸이   서준식
펴낸곳   더라인북스
등록   제2016-000125
주소   서울시 마포구 월드컵로 167 3층 (윤성빌딩)
전화   02-332-1671
팩스   02-325-1671
이메일   thelinebooks@naver.com
블로그   blog.naver.com/thelinebooks
페이스북   www.facebook.com/thelinebooks
인스타그램 www.instagram.com/thelinebooks

ISBN 979-11-8840-319-6 13810

이 도서의 국립중앙도서관 출판도서목록(CIP)은 서지정보유통지원시스템 홈페이지
(http://seoji.nl.go.kr)와 국가자료공동목록시스템(http://www.nl.go.kr/kolisnet)에서
이용하실 수 있습니다. (CIP제어번호: 2020013476)

이 책의 본문은 아모레퍼시픽의 아리따글꼴을 사용하여 디자인 되었습니다.